管教孩子的 **16** 高招

第二版

第三冊

如何改變孩子不良的行為

How to Manage
Behavior Series

R. Vance Hall、Marilyn L. Hall、

Ron Van Houten、Saul Axelrod　著

吳武典　主編

張正芬、周天賜、邱曉敏　譯

How To Manage Behavior Series

Second Edition

R. Vance Hall
Marilyn L. Hall
Ron Van Houten
Saul Axelrod

目錄

i

主編簡介

吳武典　學歷：美國肯塔基大學哲學博士（學校心理學）
　　　　現職：國立台灣師範大學特殊教育學系名譽教授

譯者簡介

張正芬 學歷：日本國立筑波大學教育碩士（特殊教育）
現職：國立台灣師範大學特殊教育學系教授兼特殊教育中心主任

周天賜 學歷：美國北科羅拉多州立大學教育博士（特殊教育）
現職：國立台北教育大學特殊教育學系副教授（退休）

邱曉敏 學歷：美國德州州立大學（聖馬可斯分校）哲學博士（地理教育）
現職：美國密蘇里州立大學（春田分校）地理系副教授

原編者序

　　第一版的行為管理系列（How to Manage Behavior Series）於十五年前發行，乃是針對行為治療及教育訓練人員教學與輔導上的需要，出版後廣受治療及訓練人員的歡迎。但他們也普遍覺得有必要為家長、教師和學生撰寫一套較為通俗的指引，以輔助訓練和治療的進行。基此，本修訂版乃更換或增加若干單元和內容，以符合使用者的需要。我們希望新增的單元使本系列叢書更具有實用性。

　　本叢書得以發行，特別感謝PRO-ED公司的副總裁Steven Mathews先生。他在修訂的過程中提供了很多寶貴的意見，正如第一版編撰時H & H公司的Robert K. Hoyt先生一樣，提供許多有益的協助。

　　這套叢書是設計來教導實務工作者（包括家長）如何管理孩子、學生和員工行為的各種方法，而這些行為可能在家裡、學校或職場造成干擾或破壞。本叢書儘量避免專門術語，每個方法都明確界定，每個步驟都敘說清楚，並且輔以實例和練習，便於讀者以口語或書寫作實務演練。

　　本叢書中設計的練習作業，宜在有人指導的情況下進行，通常是由具有行為科學背景的專業人士擔任指導工作。

　　本叢書的各篇格式相似，但在應用時得隨教學或訓練的情境之不同作彈性的調整。

　　一如往昔，我們歡迎您的提問、批評和指教。我們最高興的一件事莫過於聽到您應用本叢書後，成功地改變了自己或他人的行為，而使生活更有樂趣、更有效率、更有目標。

R. Vance Hall

Marilyn L. Hall

主編者的話

從未涉世的孩子就像深山中的璞玉，而父母與師長就好像求好心切的雕刻師。這塊璞玉將來是被雕塑成藝術精品，抑或是不成材的劣品，端視為人父母與師長的用心與手藝而定。然而，一般而言，父母與教師經常是用心有餘而手藝不足，空有豐沛愛心而無實用技巧，以致於在教養孩子方面，雖然竭盡了心力，卻得不到預期效果，直怨現代孩子難教。

坊間談如何管教孩子的書籍很多，各有其見解，所倡導的方法也各有特色。然而，能把重要而有效的方法集其大成，供老師與家長靈活應用的卻是不多。因此，當十六年前初次見到這套由美國四位教育名家（N. H. Azrin、V. A. Besalel、R. V. Hall 和 M. C. Hall）編輯而成的十六本行為管理手冊時，不禁欣喜萬分，如獲至寶，特約請學有專精、年輕有為、均具教育碩士或博士學位的專家翻譯出來，彙成《管教孩子的 16 高招》實用手冊，以饗讀者，果然廣受歡迎。

今日這套叢書第二版由參與第一版編輯的著名學者 R. Vance Hall 和 Marilyn L. Hall 主編，除了他們夫婦（皆堪薩斯大學教授）親自撰著五本之外，另邀請了 S. Axelrod、T. Ayllon、N. H. Azrin、D. M. Baer、V. A. Besalel、K. Esveldt-Dawson、R. V. Houten、A. E. Kazdin、M. V. Panyan、A. Rolider、S. Striefel 和 S. F. Thibadeau 等十二位名家執筆修訂。心理出版社繼續取得美國 PRO-ED 出版公司的授權，仍由個人邀請原譯者群（盧台華、張正芬、邱紹春、蔡崇建和王文秀等教授），加上周天賜教授、邱曉敏博士和王宣惠老師，共襄盛舉，譯成中文在台發行。新版仍維持十六個單元（十六招），整合在培養良好行為、維持良好行為、改變不良行為及培養自導能力四大主題下。與第一版相較，新版約有三成的變化，包括增加三個全新的單元：「如何提醒而不嘮

叨？——提醒策略的應用」、「如何運用團體的動力？——團體增強策略的
應用」與「如何使孩子對自己的行為負責？——自負其責策略的應用」，刪
除了三個原編者認為較不急需的舊單元：「如何培養孩子良好的行為？—
—『逐步養成』策略的運用」、「如何加強孩子的語言能力？——『隨機教
學法』的運用」與「怎樣罵孩子？——『斥責』技巧的運用」。其餘各單元
的內容亦多少有所修正或增益。這些調整的主要目的是納入更多學理依據和
實務經驗，使新版書顯得更為適切、更為實用。

　　這套叢書得以順利付梓，除了要感謝譯者們的用心，還得感謝心理出版
社的大力支持，尤其林敬堯總編輯的頻頻催促、協助策劃和高碧嶸編輯的細
心校稿，最令人難忘。

　　這套叢書定名為《管教孩子的 16 高招》，共分為四冊十六篇，包括：

　　本套叢書以理論作基礎、實用為依歸，每篇都有策略、實例、基本步驟及注意事項的生動說明，並有練習作業供實際演練，最後有總結，實為教師輔導學生、父母管教子女的最佳指引，其原理與技巧亦可供工商企業員工訓練之用。

吳武典

2010 年 11 月 30 日

於國立台灣師範大學特殊教育學系

除了懲罰，難道別無他法？

——隔離策略的應用

R. V. Hall & M. L. Hall◎著
張正芬◎譯

引言

　　本篇提供想使用「隔離」此一策略者相關資訊及練習例子。隔離（time-out）是一種輕微而有效的懲罰方式。透過本篇的研讀與實際演練，父母、教師、雇主及其他人都能學會以一種有系統的方式使用隔離而獲致理想的結果。

　　對不愛採用打罵或其他形式的懲罰，或已察覺責罵、懲罰無效，以及在處理不適當行為時易於生氣或情緒化的人而言，懂得如何正確使用隔離策略益顯重要。隔離對那些認為自己所管教的孩子「無法控制」的人而言，更加重要。

　　演練最好在具有行為學派背景專家的指導下進行，並依照本篇實施。演練期間（兩次或兩次以上）應有專家針對演練結果給予回饋與討論。有時候，有效回饋也可透過電話提供。

　　有些人在開始使用「隔離」時可能只需一點協助，有些人則可能需要更多的指導與解釋，例如關注及贊同他們的努力。或許有些人會覺得一開始時難度很高，但只要他們堅持不放棄，一定能從「隔離」中獲得收益。

本篇主要設計用於兒童。文中對青少年、成人所舉的隔離例子，是在說明隔離的原則可類化應用到其他情境及問題上。雖然大部分有關隔離的研究都出自於 1960 至 1970 年代，但近年仍有不少文章，如 Kazdin（1994）對代幣制提出精闢的論述。

何謂隔離

在家中

林先生和林太太因為他們四歲兒子小乖和六歲女兒甜甜經常打架而感到苦惱。糟糕的是，兩個小朋友打架的情況日趨嚴重，讓林先生夫婦擔心這樣持續下去總有一天會有人受傷。林太太成天斥責和小體罰並未奏效，林先生試著下班回家時向小乖和甜甜說理也無效。

林先生和太太只好尋求專家的協助並學習如何運用有系統的方法，包括每當小乖和甜甜打架時必須面對牆壁靜坐片刻。如此簡單的方法，不僅讓姊弟倆開始和樂共玩，且同時增進家人的互動關係（Olson & Roberts, 1987）。

在學校

美美今年九歲，就讀多重障礙班。她有視覺、聽覺及肢體方面的障礙。她經常大發脾氣，不僅讓父母及老師深感困擾，並且嚴重妨礙學習及社會性發展。

她在班上很少參與學習，也鮮少和同學有適當的互動。她的發脾氣，包括大叫「不」、「我不要」、踢人及吐人口水等。老師試過忽視她的行為，但效果不佳，且由於她會干擾到別人，因此很難不去注意她。最後，老師們開始要求她每次一大叫就坐到角落的椅子上一分鐘。第一天大叫的次數增加了，隨後開始減少。接著，老師以同樣方式處理踢人行為。結果和大叫一樣，次數先增加後減少。隨後再以相同方式處理吐口水問題，結果亦同。在短短的十六天中，美美好發脾氣的行為消失了。此後，她的學科及社會性行為都有了顯著的進步（Brown, Nesbitt, Purvis, & Cossairt, 1978）。

在企業

　　某大化學工廠實施安全計畫，主要在獎賞沒有怠工或傷害的工人。工人愈久沒有怠工或傷害，就愈有機會獲得獎賞（包括金錢、球賽入場券及週末旅遊津貼等）。這計畫很快就奏效，並且降低了事件的發生率。但仍有少數幾位工人經常發生怠工傷害，廠方只有另謀對策，規定在一定時間內，若發生兩次以上的怠工傷害，就要他停職一段短時間。此辦法一公佈，工人的怠工傷害頓時銳減。

　　以上是運用隔離策略減少非期望行為的例子。人們在很早以前，就已於日常行為中應用某種形式的隔離。但直到 1960 年代，才有心理學者以研究去證實依照特定步驟實施的重要性。有些人不按特定的基本原則實施隔離，在失敗後往往採取打、罵、或其他的懲罰方式，如此不僅無效且易造成傷害。

　　隔離必須避免流於嘲弄與取笑。以往罰學生站在教室一角、戴圓錐形帽坐板凳、鼻子頂著粉筆站在講台……，都是隔離的一種，但這種處理方式，往往造成同學眼中極為滑稽、可笑的形象，並且引發當事人的怨氣與憤怒，而事實上，並無助於行為的改變。

　　隔離是一種輕微的處罰。如果使用得當，對減少不當行為往往有良好的效果。隔離也是體罰的代替品，它可使孩子免受身體傷害，並使大人在使用它時保持冷靜與風度。對那些有反抗行為、難以控制以及故意不理會、系統性注意與讚賞等方式均無效的孩子而言，也相當有效。

隔離的定義

　　前面的介紹，或許已使你對隔離有了初步的理解。隔離的全名是：從社會性增強隔離開來。換句話說，隔離是：當某人做出某一非期待的行為時，藉由取消他獲得注意及其他獎賞的機會以減少不適當行為的一種方法。

3

▲現在，請用自己的語言描述什麼是隔離？以及隔離的用途。

什麼是隔離：_____

_____

隔離的用途：_____

_____

如果你說隔離是：當某人做某一特定行為時，撤除其受到注意或其他酬賞機會的過程，那你就答對了。

▲請描述你曾經看過的有關隔離的事件或情況：_____

_____

▲它有效嗎？_____

_____

▲請描述你觀察過的，你認為也許可運用隔離來減少某種行為的情形：

_____

_____

_____

現在，我們已經給隔離下過定義並舉了例子。它看起來似乎相當簡單且有效，事實上確是如此。但隔離也常被誤用，誤用時效果幾近於零。隔離的運用對某些人而言，並非易事，除非他們確知在做什麼以及如何做。

當你了解了隔離的意義及功用後，便可開始學習基本步驟，以便身體力行。

縱使你已知道隔離的一些基本原則與步驟，仍宜按部就班地實施以增加成功的機會。

 運用隔離的基本步驟

▶步驟一：選擇隔離的對象

誰是隔離的對象？隔離能應用於廣泛的對象，包括成人在內。在家庭中，常有效地用於二至十二歲的孩子。在機構中，適用於任何年齡、任何類型的發展障礙或行為問題的孩子。在運動場或商場上，則能有效地用於成人。舉例而言，在工廠對不安全行為或怠職者予以短期停雇即是。

隔離常有被誤用於青少年的情形。家長經常在採取「限制活動範圍」時違反隔離的一些基本原則。這也是父母經常對青少年子女使用「限制活動範圍」而從未奏效的原因之一。所犯的錯誤包括以下兩點：

1. 父母未曾事先指出或告訴青少年子女，什麼行為出現時會被限制活動範圍。

2. 父母把限制活動範圍的處罰期間定得太長。如此一來，每次不適當行為出現時，就難以採取這種處罰方式。尤其是當父母限制子女整個週末的活動，甚至限制活動達數週之久時，更是如此。這不僅降低了處罰的有效性，並且阻礙了子女學習期望行為的機會。另外，父母常犯的錯誤是在憤怒時限制孩子的活動範圍。這使得孩子以為他們之所以被處罰是由於父母生氣而非由於他們有不適當的行為。

對青少年而言，和他們訂契約往往較隔離更為有效。但偶爾將他們自電話、音響、電視隔離開來，亦有其效果。

另外一個常見的誤用隔離的現象，是對青少年的停學處分。對缺課、抽菸、或有其他不適當行為的學生予以停課，不啻是讓他們有更多機會和所喜歡的外面世界接觸。要減少青少年的非期望行為，與其停學，不如將他們關在學校某間完全無趣的房間內一段時間，要來的更為有效。

隔離對有自我刺激行為的孩子是不適當的。有些孩子花很多時間做晃手、搖頭等類似自閉的行為。他們會認為隔離是一種增強，因為在隔離時，他們更可以在無人打擾下做自我刺激的行為。

▲現在，請將你打算運用隔離技巧去改變行為的對象名字、年齡、及與你的關係寫在下面。

姓名：＿＿＿＿＿＿＿＿＿＿＿＿＿＿＿＿＿＿＿＿＿＿＿＿

年齡：＿＿＿＿＿＿＿＿＿＿＿＿＿＿＿＿＿＿＿＿＿＿＿＿

與你的關係：＿＿＿＿＿＿＿＿＿＿＿＿＿＿＿＿＿＿＿＿＿

▶步驟二：界定或明確指出擬改變的行為

　　第二個步驟是，明確決定擬改變的行為是什麼。由於隔離是為了減少行為的出現，必須明白指出你不希望看到的行為。這通常不會太難，因為我們大部分易於忽略好的行為而留意那些讓人不悅或煩惱的行為。在採用隔離策略時，明確指出哪些是擬減少或維持的行為是相當重要的一件事。

　　對於一個我們想運用隔離去改變的行為，所下的定義必須包含四個要素；誰？什麼？何時？以及何地？也就是說，要明確指出誰的什麼行為？需要在什麼時候以及什麼地方隔離？

　　林太太擔心她和五歲女兒小莉的關係。林太太經常斥責或打小莉，尤其是在痛打小莉後往往因為自責與沮喪而暗自流淚。可是小莉並不因為經常受罰而有改進，反而愈來愈反抗及不合作。媽媽要她做東，她偏做西，並常拿走三歲弟弟正在玩的玩具，或推他、碰他、踢他，以致於弟弟常哭著去找媽媽。林太太和她先生經常為小莉的事起爭執。林先生怪罪林太太對小莉不是太嚴就是太鬆，即使他自己也不見得比較會管教孩子（Roberts, Hatzenbueler, & Bean, 1981; Zilberger, Sampen, & Sloane, 1968）。

　　當林太太被詢及她最想改變的行為是什麼時，她的回答是小莉的反抗性及敵對行為。經過簡單說明，林太太進一步界定，反抗性行為是：在她下指令的五秒內，小莉表現出不理睬、或說「不」、「我不要」或其他負向的回答。林太太並決定記錄小莉起床後，對她所發出的前十個指令的反應情形。

這是個好的界定，因為它包含了上述的四個要素。小莉是「誰」，在五秒鐘內沒有拒絕對媽媽的指令做出反應是「什麼」，每天起床後的十個指令是「何時」及「何地」。

練習明確指出擬改變的行為

請就下面例子，明確指出隔離的目標行為。

陳老師是某教養機構的老師。機構中有一位九歲的發展遲緩男孩——凱凱。他不說話，也不會回應他人的指令。雖然老師認為凱凱可以學語言，但每當帶凱凱到語言治療室時，凱凱就趴到椅子上或到陳老師的座位旁，以至於陳老師無法進行教學。凱凱常常笑或推他的手，陳老師若不理他，凱凱就抱住陳老師的腰，笑著或發出些喉音。陳老師發現凱凱這種行為是為了要引人注意，而且他也知道這種行為持續下去對他的教學妨礙很大。

▲請寫出陳老師可以明確指出以及改變的行為。

誰？＿＿＿＿＿＿＿＿＿＿＿＿＿＿＿＿＿＿＿＿＿＿＿＿＿＿＿＿＿＿

＿＿＿＿＿＿＿＿＿＿＿＿＿＿＿＿＿＿＿＿＿＿＿＿＿＿＿＿＿＿＿＿

什麼行為？＿＿＿＿＿＿＿＿＿＿＿＿＿＿＿＿＿＿＿＿＿＿＿＿＿＿＿

＿＿＿＿＿＿＿＿＿＿＿＿＿＿＿＿＿＿＿＿＿＿＿＿＿＿＿＿＿＿＿＿

什麼地方？＿＿＿＿＿＿＿＿＿＿＿＿＿＿＿＿＿＿＿＿＿＿＿＿＿＿＿

＿＿＿＿＿＿＿＿＿＿＿＿＿＿＿＿＿＿＿＿＿＿＿＿＿＿＿＿＿＿＿＿

什麼時候？＿＿＿＿＿＿＿＿＿＿＿＿＿＿＿＿＿＿＿＿＿＿＿＿＿＿＿

你是否指出了陳老師想消弱的特點行為？　是□　否□

如果你回答「是」，很好！

你是否回答了誰、什麼行為、什麼時候及在哪裡？　是□　否□

請記住，在界定行為時儘量避免使用標籤，諸如敵意、不合作、固執、攻擊

等，因為這些標籤對不同的人往往具有不同的意義，因此請試著用別的特點行為來描述。

▲現在請你描述一下，你擬利用隔離改變的行為（請選擇一個單純而重要的行為，而且最好是你有把握會成功的行為，因為這是你第一次練習。請記住，只選一個，也許你想改變的行為有很多種，但先選一個就好）。

誰？_____

什麼行為？_____

什麼地方？_____

什麼時候？_____

請與你的夥伴就這個問題討論你的答案。如果你們都同意這個界定是好的，請在這裡的□內打勾。若否，請繼續努力直到你可在方框內打勾為止。

▶步驟三：評量所選擇的行為

　　現在是你去了解你想改變行為之出現率的時候了。它之所以重要主要基於下面兩個理由：

1. 有時候你會發現你想改變的行為不若想像般那樣嚴重。這時你必須重新界定一個行為，作為隔離消弱的對象。

2. 評量行為可幫助你知道這一行為是否真的因隔離而有所改變。如果你在開始時就評量，你就可以知道行為從什麼時候開始減少，這將鼓舞你繼續採用隔離直至成功為止。

　　大部分要隔離的行為，都可使用下列任一方法來評量。

計算行為的次數

　　評量行為有幾種方式。常用的方式是每當行為出現時就加以計算，如打架、回嘴、不服從、生氣、吵架等行為，可在每次出現時，用筆在紙上劃記，

然後再計算總次數。

　　有位老師計算某個學生未經許可擅自離座的行為。他在手腕上貼一布條，在上面劃記後再轉記於日記上。三天過後，老師的紀錄分別是七、六、四、五、八，合計三十次，平均每日離座六次。

計算行為的百分比

　　有時我們感興趣的是行為的出現率。在前面例子中（林太太和小莉），林太太評量小莉在她每天發出的十個指令中表現多少適當的反應。她的計算方法很簡單，十次中有三次即為 30%，十次中有五次即為 50%，十次中有七次即為 70%。有一天媽媽只對小莉發出六個指令而小莉表現適當行為有三次，則出現率為 3÷6=50%，另一天，小莉對九個指令回應了三次，出現率就是 33%。

計算行為的時間

　　有時了解行為持續的時間比了解出現的次數更為重要。如父母想知道孩子們吵架的時間有多長而不是有多少次，這時候就必須記錄它的時間。譬如一天可能吵一至六次，但一次持續的時間可能是其他五次短暫的總和。計時時可用碼錶，但手錶或其他定時錶也都可以用來記錄行為持續的時間。

　　下面的例子，是媽媽記錄女兒每天晚餐後洗碗盤所花的時間。

星期一	星期二	星期三	星期四	星期五
7：01～7：55 ＝ 54	6：35～7：40 ＝ 65	6：20～7：40 ＝ 80	6：45～7：25 ＝ 40	6：50～8：20 ＝ 90
54 分	65 分	80 分	40 分	90 分

選擇一種評量方式

▲現在，請寫出你擬用何種方式評量擬改變行為之水準，以便了解隔離對此
　行為是否有效（請記住，了解行為改變前之行為水準是極為重要的事）：

_____

_____

如果你的夥伴（或指導者）同意你所選擇的評量方法是適當的，請在這裡的□
內打勾。若否，請繼續努力直到可在方框內打勾為止。

記錄行為

為了便於你的夥伴（或指導者）了解紀錄起見，請把你記在紙上、日曆上或
其他地方的資料轉記在下表中。

日期或訓練次數	1	2	3	4	5	6	7	8	9	10
行為水準										

▲記錄需持續一段時間以獲得行為的平均值。在你有足夠的資料後，請說明
　行為的平均水準：_____

_____

製作圖表

　　以圖表顯示行為的變化情形更易一目了然。以前面老師記錄學生離座次數為例，我們可以得到這樣的圖表：

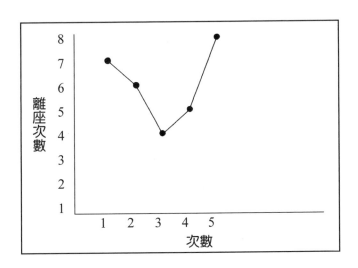

老闆記錄秘書喝咖啡休息的次數可圖示如下：

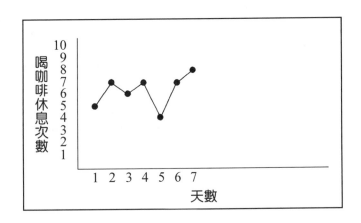

繪製行為圖表的演練

本篇最後參考文獻之前有一張行為記錄表，是許多人用來呈現標的行為的視覺圖示。你也可以利用它來顯示行為的變化。縱軸是行為水準，橫軸是日數或練習次數。

針對所評量的行為，將每一觀察期間所取得的資料點以圖表方式畫出。在你開始進行改變之前所做的行為紀錄，一般稱為基準線。若你不清楚如何記錄，可和你的指導者討論一下，也可參考 Hall 和 Van Houten（1983）書中有關評量及圖示的章節。

▶步驟四：訂定終點目標

當你完成行為的評量後，下一步就是訂定終點目標。舉例而言，老闆在意他的秘書一天有幾次咖啡時間，因此他決定如果她一天咖啡時間在三次以下就算相當有改進了。

▲現在請指出你所選行為的終點目標：＿＿＿＿＿＿＿＿＿＿＿＿＿

＿＿＿＿＿＿＿＿＿＿＿＿＿＿＿＿＿＿＿＿＿＿＿＿＿＿＿＿＿＿＿

▶步驟五：決定隔離場所

你已界定擬減弱的行為並對目前水準做了評量，接下來就是如何使用隔離了。在選擇實施程序前，請先考慮下面幾點。

隔離的方式雖有很多種，但最有效者之一，是將某人移至一個少有機會

做別的事、看別的東西或得到任何趣味或酬賞的地方。在家中，浴室通常是最好的隔離室。因為它既小，又不若臥室、玩具室或廚房有那麼多有趣的事。有時臥室也可當隔離室，因為它沒有電視或玩具或其他可玩之物。在學校，一間工作室、教師辦公室或特別教室都可用來作為隔離的場所。在教室中，角落或離同學較遠的座位，甚或拿走學生桌上的玩具或暫停參加活動，都是隔離。在機構中，特殊小室、臥室或治療室都是不錯的隔離區，讓孩子離開鄰居的遊戲區或後院在運動或遊戲活動中，讓參加者暫停參加活動，或叫他站到遊戲場的一角。在公司中，把職員暫調到他不喜歡的工作或在較少刺激的環境中工作，都是隔離的一種。

不管選擇任何一種場所，都必須符合下列要求：

1. 安全。例如如果浴室中有藥品、刮鬍刀、或其他可能會傷害孩子的東西就必須先拿走或放高，臥室、儲物區也一樣。房間的一角、走廊或操場的特殊區域，只要我們確定別人或其他小孩不會接近就可以作為隔離之用。在隔離時，我們要把注意力轉到別人身上。也可以將孩子自他的工作、作業或遊戲區隔離。當你單獨和孩子相處時，你可移走他的玩具或正在做的東西，然後走開或離開房間。你所選擇的場所是否適合，依你所擬改變的行為增加或減少而定。

2. 必須遠離玩具、遊戲、音響、或其他可能引起興趣或樂趣的東西。

3. 必須光線足夠且易於監視。隔離場所不可以太暗或太小以致嚇壞孩子。而且必須容易監視才行。後者對學校或機構而言尤其重要，因為尚有其他孩子需要照顧。如果你不能親自監視就必須安排別人監看。這也是為什麼利用教室一角作為隔離區最為方便的原因。

4. 你所選擇的場所必須經過安排，以便孩子容易進入並且待上一小段時間。它必須是孩子能在短短幾秒內就能進入並且不需多費口舌的場所。

選擇隔離的場所

▲請就你所選擇的隔離場所，回答下列問題：

1. 隔離的地方叫做：＿＿＿＿＿＿＿＿＿＿＿＿＿＿＿＿＿＿＿＿

＿＿＿＿＿＿＿＿＿＿＿＿＿＿＿＿＿＿＿＿＿＿＿＿＿＿＿＿＿＿

2. 安全嗎？　是□　否□　若否，你將做什麼安排使它變得安全？

＿＿＿＿＿＿＿＿＿＿＿＿＿＿＿＿＿＿＿＿＿＿＿＿＿＿＿＿＿＿

＿＿＿＿＿＿＿＿＿＿＿＿＿＿＿＿＿＿＿＿＿＿＿＿＿＿＿＿＿＿

3. 它讓人覺得在裡面很無聊？　是□　否□　若否，你要怎樣處理讓裡面的

人感到無趣？＿＿＿＿＿＿＿＿＿＿＿＿＿＿＿＿＿＿＿＿＿＿＿

＿＿＿＿＿＿＿＿＿＿＿＿＿＿＿＿＿＿＿＿＿＿＿＿＿＿＿＿＿＿

4. 它是否夠亮或夠熟悉以至於待在裡面也不會感到恐懼、害怕？　是□　否□

5. 它是不是一個容易進去而且只需一點指令就可以做到的地方？　是□　否□

請和你的指導者一起討論，如果他同意你所選的隔離場所是適當的，那你就

可以準備進行了。

▶步驟六：確定環境是增強的

　　現在你已經決定誰的行為是你擬改變的，什麼行為是你要減少的，以及哪裡是隔離的場所，接下來就可進行隔離了。但是，在開始前，你一定要先有把握，孩子可以從你或環境中得到增強。因為，隔離是把孩子從正在玩的玩具、活動、或來自你或他人正向的注意力中移除，若孩子原本就被忽視，或根本沒有吸引他興趣的玩具、活動或東西，則採用隔離一點也無法奏效。

▲一個人在不被隔離時，對他有效的增強物為何，請列出來：＿＿＿＿＿＿＿

▲是否有什麼東西可讓你把環境安排得更具增強力？　是□　否□　若是，
它們是些什麼？＿＿＿＿＿＿＿＿＿＿＿＿＿＿＿＿＿＿＿＿＿＿＿＿

▶步驟七：決定隔離時間的長短

接下來的步驟是決定隔離時間的長短。大多數人往往採用過長的隔離時間。如果隔離的時間太長，會使得某人無法表現或練習你所期望的行為。短時間的隔離在減少行為上往往更為有效。請記住，要一個急於玩其他東西的小孩在椅子上或浴室裡待上三、四分鐘，無異於要他待一世紀之久。

因此，最好的隔離時間是二至五分鐘，隨年齡增加可延長隔離時間，但每一歲不可增加超過一分鐘。

▲現在，請寫下你擬隔離的時間為＿＿＿＿分。

廚房用的計時器是隔離時最簡便的用具，一則裝置方便，二則能清楚地指出隔離時間的結束，而且當隔離時出現不當舉止，還可重新設定。

▲請寫下你打算用什麼方式記錄時間：＿＿＿＿＿＿＿＿＿＿＿＿＿＿＿

▶步驟八：隔離的角色扮演

　　在和心理學家王博士討論過之後，林先生和太太打算用隔離的方式處理他們四歲大女兒——蓓蓓打小妹妹的行為。蓓蓓每天打小妹妹的次數約為二、三次。他們決定在對蓓蓓實施隔離之前先做一次角色扮演的演練。首先由王博士設計情境並扮演父母之一的角色，由林太太扮演蓓蓓，林先生則做記錄員。林先生在紙上記錄王博士實施隔離過程中的所有步驟。然後更換角色，林太太當記錄員，林先生扮演自己而王博士扮演蓓蓓。最後，林太太扮演自己，林先生扮演蓓蓓而王博士擔任記錄員。

　　情境：

蓓蓓：妳的爸爸媽媽已經向妳解釋過隔離而且也練習過了。不過，妳不想配合隔離，看看他們是否真的會付諸實行。

林先生或林太太：你們決心要沉穩而有效地實施隔離。你們將解釋、練習並且付諸實行。

記錄員：引導父母實施每個步驟，並且給予回饋，讓扮演蓓蓓父母的人知道自己在使用記錄表上列的那些隔離方法的情況。

　　林先生記錄下王博士隔離做得好的部分，也指出王博士的小缺失，那就是王博士曾經斥責蓓蓓並且在蓓蓓還在隔離時就跟她說話。王博士沒有必要採取剝奪特權的後援處理，因為蓓蓓未曾抗議。林先生在角色扮演時，所有隔離步驟都極正確，只有對忽視蓓蓓抗議一項處理不當。林太太則做得完美無缺。

請自行設計角色扮演的情境。如同林先生的例子一般，可能會對你扮演隔離的角色有所助益。

你的朋友、指導者或夥伴可協助你設計情境。你需要三個人，一個扮演你，一個扮演被隔離者，一個扮演記錄者。然後彼此變換角色以充分練習。

記錄表範例：角色扮演──隔離

	扮演父母的人		
	王博士	林先生	林太太
練習			
1. 隔離前，以簡單的話告訴蓓蓓隔離的原則（什麼行為、該如何做及隔離的時間）。	√	√	√
2. 解釋時，使用冷靜而正向的語言。	√	√	√
3. 忽視所有的爭辯與抗議。	√	○	√
4. 和蓓蓓練習隔離。	√		√
隔離			
1. 下次行為重現時，於五秒內隔離。	√	√	√
2. 簡要解釋為何蓓蓓要隔離。	√	√	√
3. 保持冷靜的聲音，避免斥責。	○	√	√
4. 忽視爭辯和抗議。	√	√	√
5. 蓓蓓進入隔離後，盡速開始計時。	√	√	√
6. 隔離時，不要給予注意。	○	√	√
7. 若蓓蓓逃離隔離或做出不適當舉動，以平靜的聲音說：「延長隔離時間。」	√	√	√
8. 若當天隔離時間超過三十分鐘，則剝奪看電視的特權。	√	√	√
9. 允許蓓倍於隔離時間結束時離開。	√	√	√
10. 盡速稱讚蓓倍的良好行為。	√	√	√

▲情境：請設定一個能描述下列人物的情境。

▲目標人物：＿＿＿＿＿＿＿＿＿＿＿＿＿＿＿＿＿＿＿

＿＿＿＿＿＿＿＿＿＿＿＿＿＿＿＿＿＿＿＿＿＿＿＿＿

▲你的角色：＿＿＿＿＿＿＿＿＿＿＿＿＿＿＿＿＿＿＿

＿＿＿＿＿＿＿＿＿＿＿＿＿＿＿＿＿＿＿＿＿＿＿＿＿

▲記錄者：將指導角色扮演的進行並給予回饋。

記錄表：角色扮演——隔離

	扮演父母的人		
	1	2	3
父母行為	____	____	____
練習			
1.			
2.			
3.			
4.			
隔離			
1.			
2.			
3.			
4.			
5.			
6.			
7.			
8.			
9.			
10.			

▶ 步驟九：向對方解釋隔離

　　實施隔離之前，還有一個步驟要做，那就是向你的對象解釋隔離及其原則。這個步驟可使你在實際運用隔離時，避免激烈的措詞或憤怒情緒的發生，能使隔離更易實施。在你解釋時，請注意下列幾點：

　　1. 與對方一起坐下，告訴他由於你愛他、關心他，所以想針對他已經引起

困擾的行為採取措施，以幫助他減少這種行為的發生。請不要責備他或嘮叨不絕。

2. 向他解釋何種特定行為出現時就會被隔離。

3. 強調每次此種行為出現時就會被隔離。

4. 告訴他，隔離時間的長短及結束時的訊號。

5. 告訴他，如果他安靜地到隔離區或遵照指示行動，將可在隔離時間到時恢復自由。如果他爭辯、不肯隔離、叫喊或踢門，則每出現一次，隔離時間就延長一分鐘。如果他把東西弄亂了，在結束隔離之前必須清理乾淨。如果他打破了東西，也必須付出代價。如果多出的隔離時間累積達到三十分鐘以上，就告訴他，將會有別的行為結果產生。這是你必須決定的後援處理。

6. 不要期望他會對你的解釋表現熱切。

7. 如果對象年齡尚小，應先演練過程，使他能確實了解隔離時要去哪裡。

▶ **步驟十：開始實施隔離**

現在你已大致準備就緒，可開始實施隔離了。有幾個要點請牢記於心：

1. 一旦對孩子解釋了隔離，下次一有不當行為出現，就要開始執行。

2. 然後，每當此行為出現時都給予隔離。

3. 當行為出現時，要儘量愈快採取隔離愈好。這樣可使行為減少得快些，且可避免衍生意外事件。

4. 當行為出現時，指認出來並以平常口吻告訴孩子：「這是吵架（爭吵、干擾），去隔離。」如果他對你的口頭指示沒有反應，則告訴他「不可以」或「停」，然後帶他到隔離的場所（若這是你選的後援處理，就請拿走玩具及任何可玩之物，並且走開）。

5. 你可以告訴他：「四分鐘後可以出來」或「聽到計時器響就可以回來繼

續玩」，但請不要生氣、多做解釋或嘮叨、怒罵。

6. 忽視所有的抗議，只要平靜地說：「這將會使隔離的時間延長一分鐘。」

7. 忽視抗議或不在乎的言詞像「我不在乎隔離」、「我喜歡隔離」這類的話。只要去注意隔離的結果是否減少該行為的發生。

8. 如果孩子在你說了「去隔離」之後開始做某件事，別讓他藉故逃掉。先讓他接受隔離後再回來做事。

9. 孩子一進入隔離，就趕快看錶、鐘或設定好計時器。

10. 如果在隔離時有不適當的行為出現，忽視它，但要延長隔離的時間。如果孩子有特別的抵抗行為出現，用你預先準備的後援處理（可參考抵抗時的處理）。

11. 隔離時間結束時，應儘速放出孩子。

12. 在非隔離時間而孩子沒有做不適當行為的時候，要記得給他增強。隨著時間的過去及行為的改善，逐漸減少這種增強。

13. 確認只對你所選的特定行為採取隔離。必要時，請用別的方法處理其他的不適當行為。在你所選定的行為已經獲得改善以前，請勿轉換到別的行為。

14. 請謹記，在隔離時平心靜氣，就事論事。如果你變得生氣或情緒化，你將無法控制自己及孩子。

▶步驟十一：複習

現在你已經準備好運用隔離策略減少你所選擇的行為。讓我們再重新回顧一下前面提過的步驟。

1. 選擇隔離的對象。

   列出你所選擇隔離的對象：＿＿＿＿＿＿＿＿＿＿＿＿＿＿＿

2. 界定或明確指出擬改變的行為。

   請描述你擬改變的行為：

   誰？＿＿＿＿＿＿＿＿＿＿＿＿＿＿＿＿＿＿＿＿＿＿＿＿＿

   什麼行為？＿＿＿＿＿＿＿＿＿＿＿＿＿＿＿＿＿＿＿＿＿＿

   什麼地方？＿＿＿＿＿＿＿＿＿＿＿＿＿＿＿＿＿＿＿＿＿＿

   什麼時候？＿＿＿＿＿＿＿＿＿＿＿＿＿＿＿＿＿＿＿＿＿＿

3. 評量行為。

   描述你所評量行為的目前水準：＿＿＿＿＿＿＿＿＿＿＿＿＿＿

   ＿＿＿＿＿＿＿＿＿＿＿＿＿＿＿＿＿＿＿＿＿＿＿＿＿＿＿＿

4. 訂定終點目標。

   你所選擇行為的目標水準為何？＿＿＿＿＿＿＿＿＿＿＿＿＿＿

   ＿＿＿＿＿＿＿＿＿＿＿＿＿＿＿＿＿＿＿＿＿＿＿＿＿＿＿＿

5. 選擇隔離場所。

   請描述隔離的場所（請參見步驟五）：＿＿＿＿＿＿＿＿＿＿＿

   ＿＿＿＿＿＿＿＿＿＿＿＿＿＿＿＿＿＿＿＿＿＿＿＿＿＿＿＿

6. 確定「隔離」以外的環境是增強的。

   列出你為環境增強所做的事：＿＿＿＿＿＿＿＿＿＿＿＿＿＿＿

   ＿＿＿＿＿＿＿＿＿＿＿＿＿＿＿＿＿＿＿＿＿＿＿＿＿＿＿＿

7. 決定隔離時間的長短。

   請描述你要隔離多久，以及用什麼方式注意隔離時間？（請參見步驟七）

   要隔離多久？＿＿＿＿＿＿＿＿＿＿＿＿＿＿＿＿＿＿＿＿＿＿

   我要用＿＿＿＿＿＿＿＿＿＿＿＿＿＿＿＿＿＿來注意隔離時間。

8. 請翻到前面「記錄表：角色扮演——隔離」所列出的行為檢核項目，看看

你在角色扮演中，運用隔離策略時的備忘錄是否周全？

是 □　否 □　若否，請列出你認為該添加的注意事項：

_____

_____

▶步驟十二：維持良好行為

　　隔離是一種溫和的懲罰，如果使用正確的話，它能夠減少目標行為的產生。並且能在不發怒、情緒平靜下，以系統而持續的方式獲致良好的結果。

　　如果運用得當，一個人的行為將很快地就在控制之下，因為他知道每次在特定行為出現時就會遭到隔離的處置，並且在隔離時就沒有增強物。過不了多久，你會發現，愈來愈不需要使用隔離了。

　　有一要點必須注意，那就是如果你不對取代不當行為的良好行為給予注意、讚賞或其他酬賞的話，原來的不當行為可能再犯。關於如何以注意、讚賞等方式增強個體的行為，請參閱第二冊第四篇「如何讓孩子朝我們期望的方向發展？——系統性注意與讚賞的應用」。

　　當一個行為被消除而有另一個行為問題存在時，於第二個行為使用隔離是可行的。但請別嘗試在同一時間對兩個或兩個以上的行為實施隔離。如果你同時對很多行為實施隔離，則這個人很可能一天中有很多時間都在隔離，它的效果將變得很小。

潛在問題與出現拒抗時的對策

　　雖然隔離看似簡單，但若有抵抗行為出現則相當棘手，因此你應有成竹在胸，以備抵抗出現之用。大多數的抵抗是可避免的，只要你在他有良好行為出現且未使用隔離之前，以平靜的口吻解釋隔離就可以了。

　　雖然如此，抗拒仍可能出現。如果某人有任性、故意的習性，則在採用隔離時，將耗費較多的力量與時間。以下介紹幾種策略：

　　1.對以尖叫、踢門、叫罵等方式抗拒隔離的人應延長隔離時間。告訴他：

「你再這樣，多隔離一分鐘！」「再多隔離一分鐘！」請保持冷靜的語氣！你如果提高嗓門或大聲叫罵，你就輸了。

2. 年幼孩子未能自己去隔離時，最適當的方法是以堅定而溫和的態度帶他去隔離。此時，若需多加解釋或說明，只要告訴他：「你做了……（非期望行為），去隔離！」

3. 若孩子弄亂了東西，必須在隔離之後收拾乾淨，你仍然以冷靜的語氣堅持要他收拾乾淨。

4. 若打破了東西，必須要求他付出代價，可由零用錢中扣除或安排他多做一些事。

5. 若不肯去隔離或因抗拒行為導致隔離時間長達三十分鐘以上時，就必須使用後援處理。有些專家建議，對離開隔離地點（如浴室或椅子）的孩子重打一記屁股，但隔離的目標之一是避免體罰，因此此方式並不恰當，而取消某項特權或做另一件事可能更為有效。例如，父母可以告訴孩子，隔離若累積超過三十分鐘，他將失去騎腳踏車的權利。若繼續抗議的話，將會失去腳踏車。一個學生在教室中被隔離時若抗議或做出不適當舉動，可在預先安排下，讓他到校長室罰站三十分鐘。三十分鐘內無人理他或跟他講話（Broden, Hall, Dunlap, & Clark, 1970）。其他後援處理尚包括當天不可看電視、取消休閒時間、或其他任何在受罰者眼中，比去隔離幾分鐘更划不來的方式。在公司，若某人拒絕奉派去做一小時、半天或輪班做一件較不喜歡的工作，可以停工、止付工資作為後援處理。但必須事先說明清楚。請記住，不管是哪一種後援處理，都必須事前做好決定並讓大家都知道，如果不合作的話，就必須接受這種處理。這有助於你冷靜而不訴諸於情緒地使用後援處理。如果你提高音調或說出氣話，就無法處理妥當。

6. 若這個人告訴你，你無權對他採取隔離或剝奪他的特權，你應對他說：「我有！我有權利！」並增加隔離或剝奪特權的時間，然後走開。記住，別和他爭吵！

7. 若行為牽涉兩個人（如打架或爭吵），別試著去分辨誰先開始的，或是

誰的錯。應該兩人都要隔離，一個到浴室而另一個到儲藏室去。在公司或工廠，可以分派某人到少有機會獲得社會性接觸的地方（如倉庫）工作或給予特別困難的工作。

8. 若你發現你已生氣，最好的方法就是走開。等到心情平復了之後再回來，並且延長隔離時間或取消某項特權。

9. 若你的小孩在公共場所表現不適當行為，告訴他停止，否則回家就必須馬上被隔離。如果他還不停止，最好的方式就是馬上回家，然後再到公共場所，如果必要，同樣帶他回家隔離，幾次都無妨。

10. 有些家長已成功地讓孩子在公共場所，如商店，透過面對牆壁坐或站一小段時間的隔離，而讓孩子不需離開商店或延遲隔離就可收到效果。

11. 對年幼兒童而言，有必要帶他們到隔離場所並陪他們一陣子，直到他們了解程序！

▶ 步驟十三：評估結果

繼續觀察你所評量的行為是否因隔離而有變化是一件重要的事。請仔細記錄你實施隔離的結果。

日期或訓練次數	1	2	3	4	5	6	7
行為水準							

▲目前水準和實施前的平均水準相較之下如何？＿＿＿＿＿＿＿＿＿＿＿＿

＿＿＿＿＿＿＿＿＿＿＿＿＿＿＿＿＿＿＿＿＿＿＿＿＿＿＿＿＿＿＿＿＿

增加了？□ 減少了？□ 沒有變化？□

▲他的反應如何？＿＿＿＿＿＿＿＿＿＿＿＿＿＿＿＿＿＿＿＿＿＿＿＿

＿＿＿＿＿＿＿＿＿＿＿＿＿＿＿＿＿＿＿＿＿＿＿＿＿＿＿＿＿＿＿＿＿

▲剛開始時行為是否變得更糟？ 是□ 否□

▲什麼時候你察覺行為有了改善？＿＿＿＿＿＿＿＿＿＿＿＿＿＿＿＿＿＿

＿＿＿＿＿＿＿＿＿＿＿＿＿＿＿＿＿＿＿＿＿＿＿＿＿＿＿＿＿＿＿＿＿＿＿

▲你能不動怒地實行隔離嗎？　能 □　不能 □

▲你需要後援處理嗎？　需要 □　不需要 □

　需要時，你用了多少次？＿＿＿＿＿＿＿＿＿＿＿＿＿＿＿＿＿＿＿＿＿

▲必要時，若需將隔離施行於其他行為，你會覺得安心嗎？　會 □　不會 □

▲若有其他行為，你認為用隔離會有效，那是什麼行為呢？

＿＿＿＿＿＿＿＿＿＿＿＿＿＿＿＿＿＿＿＿＿＿＿＿＿＿＿＿＿＿＿＿＿＿＿

＿＿＿＿＿＿＿＿＿＿＿＿＿＿＿＿＿＿＿＿＿＿＿＿＿＿＿＿＿＿＿＿＿＿＿

　誰？＿＿＿＿＿＿＿＿＿＿＿＿＿＿＿＿＿＿＿＿＿＿＿＿＿＿＿＿＿＿＿＿

　什麼行為？＿＿＿＿＿＿＿＿＿＿＿＿＿＿＿＿＿＿＿＿＿＿＿＿＿＿＿＿

　什麼時候？＿＿＿＿＿＿＿＿＿＿＿＿＿＿＿＿＿＿＿＿＿＿＿＿＿＿＿＿

　什麼地方？＿＿＿＿＿＿＿＿＿＿＿＿＿＿＿＿＿＿＿＿＿＿＿＿＿＿＿＿

　　如用圖表表示將更清楚地呈現變化的情形，下圖是一個七歲孩子發脾氣
經隔離處理的前後情形。

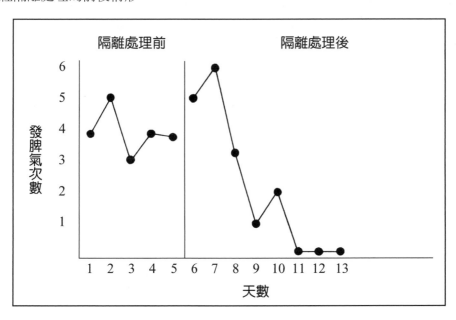

 使用記錄表記錄你擬隔離的行為

如果在開始使用隔離之前你已完成記錄，你就有基線期的資料。在圖上基線期最後一次的位置畫一條直線。開始記錄每天或每次隔離的表現，圖示將讓你更容易透過視覺看到基線期後行為的改變。

結語

本篇已介紹如何藉隔離策略減少他人的不適當行為。

篇中所引之例子皆極簡單，單刀直入，多樣且具代表性。可能招致隔離的行為幾乎不勝其數，但是一旦你已能控制少數關鍵行為，就未必需要經常訴諸隔離。這是千真萬確的，如果你確實能對適當行為提供足夠的注意與增強。一個人不可能同時表現不適當行為與適當行為。

請記住，隔離並非魔法，它是一種根基於行為法則的有效方法。父母、教師、一般大眾如果使用得當的話，將會發現愈來愈不需要訴諸隔離。請記住，如果某人有很多時間在隔離，可能是因為你對他的期望行為增強得不夠所致，不僅如此，他也可能未從中學到什麼。

當你採用隔離時，應該開始考慮那個行為是不是合宜。大人和小孩都能被教以好的行為與不好的行為。隔離就是一個可以阻止不好行為繼續發生的方法。這方法可避免使用威脅、生氣、責罵、懲罰或其他可能令人不悅而又無效的方法。

 訓練結果的追蹤

當你開始這項訓練計畫兩週後，請做一簡單的複習，並回答下面的問題，以便提供給你的指導者做參考。

1. 你是否減少了預期改變的行為？

　　是 □　　否 □

2. 你觀察到何種改變？ _____

_____

3. 你遭遇到何種困難？ _____

_____

　　你解決了這些困難嗎？如何解決的？ _____

_____

4. 簡單描述你擬改變的其他行為： _____

_____

5. 你認為隔離是你目前所能有效應用的技巧嗎？

　　是 □　　不是 □　　可能是 □

6. 評語： _____

_____

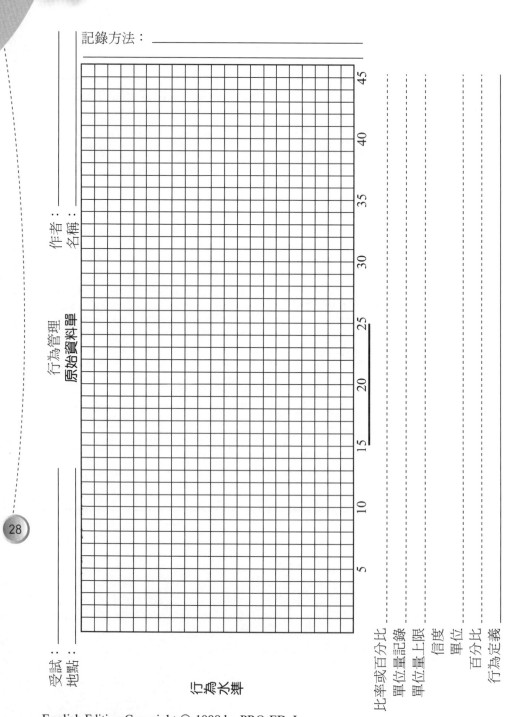

記錄方法：

作者：
名稱：

行為管理
原始資料單

45　40　35　30　25　20　15　10　5

受試：
地點：

行為水準

比率或百分比
單位量記錄
單位量上限
信度
單位
百分比
行為定義

參考文獻與延伸閱讀

Axelrod, S. (1983). *Behavior modification for the classroom teacher.* New York: McGraw-Hill.

Broden, M., Hall, R. V., Dunlap, A., & Clark, R. (1970). Effects of teacher attention and a token reinforcement system in a junior high school special education class. *Exceptional Children, 36*, 341–349.

Brown, L., Nesbitt, J., Purvis, G., & Cossairt, A. (1978). The control of severe tantrum behavior through the use of a one-minute time-out procedure. In R. V. Hall & R. G. Fox, (Eds.), *Instructor's Manual for Responsive Teaching-Parenting Model Transparency Kit.* Lawrence, KS: H & H Enterprises.

Clark, H. B., Rowbury, R., Baer, A. M., & Baer, D. M. (1973). Time out as a punishing stimulus in continuous and intermittent schedules. *Journal of Applied Behavior Analysis, 6*, 443–455.

Craighead, W. E., Kazdin, A. E., & Mahoney, M. J. (1981). *Behavior modification: Principles, issues and applications.* Boston: Houghton Mifflin.

Flanagan, S., Adams, H. E., & Forehand, R. (1979). A comparison of four instructional techniques for teaching parents the use of time out. *Behavior Therapy, 10*, 94–100.

Gardner, H. L., Forehand, R., & Roberts, M. (1976). Time-out with children: Effects of an explanation and brief parent training on child and parent behaviors. *Journal of Abnormal Child Psychology, 4*, 277–287.

Hall, R. V., & Van Houten, R. (1983). *Managing behavior: Part 1. The measurement of behavior.* Austin, TX: PRO-ED.

Hall, R. V. (1975). *Managing behavior: Part 2. Basic principles.* Austin, TX: PRO-ED.

Hall, R. V., Fox, R., Willard, D., Goldsmith, L., Emerson, M., Owen, M., Davis, F., & Porcia, E. (1971). The teacher as observer and experimenter in the modification of disputing and talking-out behaviors. *Journal of Applied Behavior Analysis, 4*, 141–149.

Hall, R. V., & Hall, M. L., (1998). *How to use systematic attention and approval.* Austin, TX: PRO-ED.

Hall, R. V., Lund, D., & Jackson, D. (1968). Effects of teacher attention on study behavior. *Journal of Applied Behavior Analysis, 1*, 1–12.

Hobbs, S. A., & Forehand, R. (1975a). Differential effects of contingent and non-contingent release from time out on non-compliance and disruptive behavior of children. *Journal of Behavior Therapy and Experimental Psychiatry, 6*, 256–257.

Hobbs, S. A., & Forehand, R. (1975b). Effects of differential release from time out on children's deviant behavior. *Journal of Behavior Therapy and Experimental Psychiatry, 6*, 256–257.

Hobbs, S. A., & Forehand, R. (1977). Important parameters in the use of time out with children: A reexamination. *Journal of Behavior Therapy and Experimental Psychiatry, 3*, 365–370.

Hobbs, S. A., Forehand, R., & Murray, R. G. (1978). Effects of various durations of time out on the non-compliant behavior of children. *Behavior Therapy, 9*, 652–656.

Kazdin, A. E. (1994). *Behavior modification in applied settings.* Pacific Grove, CA: Brooks/Cole.

Lahey, B. B., McNees, M. P., & McNees, M. C. (1973). Control of an obscene "verbal tic" through time out in an elementary school classroom. *Journal of Applied Behavior Analysis, 6*, 101–104.

MacDonough, T. S., & Forehand, R. (1973). Response contingent time out: Important parameters in behavior modification with children. *Journal of Behavior Therapy and Experimental Psychiatry, 4,* 214–216.

Olson, R. L., & Roberts, M. W. (1987). Alternative treatments for sibling aggression. *Behavior Therapy, 18,* 243–250.

Roberts, M. W., Hatzenbueler, L. C., & Bean, A. W. (1981). The effects of differential attention and time out on child non-compliance. *Behavior Therapy, 12,* 93–99.

Rusch, F. R., Rose, T., & Greenwood, C. R. (1988). *Behavior analysis in special education.* Englewood Cliffs, NJ: Prentice-Hall.

Scarboro, M., E. & Forehand, R. (1975). Effects of two types of response contingent time out on compliance and oppositional behavior of children. *Journal of Experimental Child Psychology, 19,* 252–264.

Spitalnik, R., & Drabman, R. (1976). A classroom time out procedure for retarded children. *Journal of Behavior Therapy and Experimental Psychiatry, 7,* 17–21.

Sulzer-Azeroff, B., & Mayer, G. R. (1991). *Behavior analysis for lasting change.* Fort Worth, TX: Holt, Rinehart and Winston.

Wolf, M., Risley, T., & Mees, H. (1964). Application of operant conditioning procedures to the behavior problems of an autistic child. *Behavior Research and Therapy, 1,* 305–312.

Zeilberger, J., Sampen, S., & Sloane, H., Jr. (1968). Modification of a child's problem behaviors in the home with the mother as the therapist. *Journal of Applied Behavior Analysis, 1,* 47–53.

如何不理會無理取鬧的行爲？

——忽視法的應用

R. V. Hall & M. L. Hall◎著
周天賜◎譯

引言

　　我們大部分的人常在無意中因對孩子不當的注意，增強及維持一些我們不喜歡的行為而不自知。有些父母因不熟悉行為改變技術而養成孩子暴躁及哭鬧的行為，強化了其他大人亟欲袪除的行為。因為，他們都給予了那些不良的行為注意，強化不良的行為而非忽視之。

　　本篇的主要目的在提供忽視法（planned ignoring）〔又稱削弱（extinction）〕的運用方法及練習，以減少一些不良的行為。本篇的練習依據有計畫的忽略技術而設計，在有行為原理及技術背景的人（通常是專家）指導下使用。

　　有些人是可根據本篇的指示，稍加指點即會運用各項技巧；有些人則需有較多的作法說明及演練經驗才能順當地運用。有些人的不良行為已經很久了，這種行為較難改變，必須多費些周章；因此，需要有專家的指導方能奏效。對這些練習的反應應花兩節或更多時間的回饋和討論，也可以藉電話溝通完成。

何謂忽視法

對幼兒

　　陳生生及陳太太來請專家幫忙，尤其是陳太太已經到了形容枯槁的地步。到底是怎麼一回事呢？原來他們有一個三歲大的兒子叫仔仔，仔仔每天精力旺盛地玩鬧到半夜，甚至更晚。除非陳太太和仔仔一起躺在床上睡覺，否則仔仔不肯閉上眼睛；如果陳太太趁仔仔睡著了，溜出他的房間，則仔仔會很快地醒過來，同時大聲哭鬧不肯罷休。陳氏夫婦昔日試著運用「就讓他哭一陣子吧！」的方法，結果仔仔哭鬧得更凶，最後陳太太他們只好乖乖地投降，站在仔仔的床邊安撫他。

　　陳太太曾帶仔仔到小兒科醫生那兒檢查，結果顯示仔仔一切正常。

　　失望至極之下，陳先生及陳太太尋求專家的協助，運用了不同的策略來改變仔仔的哭鬧行為。起初幾夜，仔仔哭鬧得更凶；但慢慢地，哭聲的強度減弱了，哭鬧的行為也減少了；經十九日後，陳先生及陳太太終於能使仔仔獨自一人安睡到天亮了。

在學校

　　馬凡，十五歲，被標記為「情緒困擾」。他的老師對他感到非常頭痛，因為不管老師要求他做什麼事或指派他做任何功課，馬凡總是要和老師爭辯一番，反問老師為什麼他要做這些事或說老師指派不公平等等。

　　班上其他同學生開始厭惡馬凡，老師在困惑中改用不同的處理方法。每當馬凡開始和他爭辯時，老師就轉身去指導別的學生或埋頭於他自己的工作。三星期後，馬凡的爭辯行為不再出現了；同時，馬凡似乎也改變了，不但他變得更快樂，而其他惹人討厭的行為似乎也消失了。事實上，自從他被標記為「情緒困擾」的主因——爭辯行為消失了，馬凡在學校及班上被認為較「正常」了（Hall et al., 1971）。

在家裡

維先和珊珊是在唸研究所一年級寒假結婚的。結婚之後，珊珊才發現，維先常會無緣無故地在唸書當兒就發起脾氣來。珊珊很是煩惱，於是她只有讓維先在書房中唸書，自己搬到小餐桌上唸。但是，維先似乎隨著學期的進展而愈形暴躁，珊珊也愈形關切。

後來，珊珊決定改變態度，她不再放下手邊的功課，跑去維先那兒，問他到底怎麼回事，她仍舊繼續專注於她自己的功課。幾天以後，維先的暴怒行為減少了很多，對珊珊而言已經不再是一個大問題了，兩人都可以安心地研讀功課，而珊珊更是放下一顆擔憂的心。

以上三個例子都是成功運用忽視法的結果。即使常聽人說：「他這樣做，是為了引人注意」，但心理學家一直到最近才認識教導人們使用忽視法的重要。因為，人們常在無意中增強或維持那些不好的行為而不知。

留心別人正在做一些你所不喜歡的行為，以引起你的注意；而你也以預備的態度不去注意他這行為，這就是所謂的忽視法策略。在讀完本章及做完練習以後，你會了解選擇性地運用忽視法的原則，以減少那些不良行為是多麼的重要。當然，如果你在家裡、學校裡或公司裡能真正切實實行，你會發現你也正在幫助別人改進了許多不良的行為呢！

下面是一個簡單練習，可以讓你明瞭忽視法的效果。同時，藉由這個練習，你也可以在有意識的情形下練習忽視法的第一步，使你知道你如何在無意中鼓勵別人做一些你所不喜歡的行為。

 證明忽視法效果的練習

為了使你觀察到忽視可以如何影響別人的行為，你不妨選擇下面一兩個練習來做。最後，再描述一下在你做練習時所得的結果。

練習一：拒絕電話推銷產品

你可能常因接到電話推銷而浪費寶貴時間，這時你可能既無奈又憤怒。而你也發現要打斷對方或插進一句話都困難無比，最後你只好把電話掛斷了事。下次如果還有類似的情形，建議你用下面的方法試試看：

1. 只要你認為這個電話不想接，馬上說：「對不起！我實在沒有興趣。」

2. 如果對方仍繼續說個不停，則注意時間。

3. 從那時候起你絕對不做任何反應或說任何一句話（即運用忽視法）。

4. 注意會怎樣，打電話的人語氣是否改變？

5. 注意對方在什麼時間掛斷電話的。如果對方又撥來電話，再重複上述步驟。

▲描述經過情形及結果：＿＿＿＿＿＿＿＿＿＿＿＿＿＿＿＿＿

＿＿＿＿＿＿＿＿＿＿＿＿＿＿＿＿＿＿＿＿＿＿＿＿＿＿＿＿＿＿

▲你注意到對方起初話很長，後來語句愈來愈短嗎？　是□　否□

▲對方在掛斷電話前，叫了好幾次你的名字嗎？　是□　否□

▲你是否對對方經多久後才掛斷電話而感到訝異？　是□　否□

▲在別人說話的當下，要你不說什麼是否感到困難？　是□　否□

▲如果每個人對這些電話推銷都以忽視法反應，或拒絕購買電視上那些索然無味的廣告產品，你想結果會如何？

 練習二：中止愛打斷別人的行為

觀察一下，在你的孩子、你的學生或你的同事朋友中，是否有這麼一個愛打斷別人的人？下次，當這個人又來打斷你的談話或打斷你的工作時，不要去理會他的行為。如果必要，你可以說：「對不起！我現在很忙！」然後，不管他說什麼或做什麼，都不去理會他的行為。他如果還三番兩次地來，仍保

持不理會的態度。

▲描述經過情形及結果：_____

_____

▲對方一再不斷地想打斷你的工作或你的談話嗎？ 是□ 否□

▲在對方停止要和你說話的企圖或你先投降前，對方總共試了幾次？總共持

續多久？_____

▲當你都沒有反應時，對方會生氣或憤怒嗎？ 是□ 否□

如果是，他是如何表現他的生氣？_____

_____

▲對你而言，在這種情況下，你是否很難不去做反應？ 是□ 否□

練習三：中止說閒話的行為

尋找一個目標，那個人有經常說別人閒話、愛抱怨別人的習慣。下次那個人
又開始對你說別人閒話或抱怨別人時，不理會他的任何評論，在必要時：

1. 轉變話題。

2. 你開始變得忙其他事。

3. 離開那個人。

如果那個人改變說話的主題或談別的事情：

1. 傾聽。

2. 微笑點頭。

3. 問問題。

▲描述經過情形及結果：_____

_____

▲那個愛講閒話的人是否數度想轉回話題？ 是□ 否□

▲你是否能克制自己不去反應？ 是□ 否□

如果是，你們談話的內容是否已經不同了？　是□　否□

▲你是否對這個結果感到驚訝？　是□　否□

忽視法的定義

在看了本章的介紹，及在練習中觀察了你的「注意」對別人行為的影響後，你應該已對忽視法有相當了解，或練習了藉由完全忽視而開始減少不受歡迎的行為。

▲試著用你自己的話，描述什麼是忽視法以及它的功能：

忽視法是：＿＿＿＿＿＿＿＿＿＿＿＿＿＿＿＿＿＿＿＿＿＿＿＿

＿＿＿＿＿＿＿＿＿＿＿＿＿＿＿＿＿＿＿＿＿＿＿＿＿＿＿＿＿

忽視法的功能：＿＿＿＿＿＿＿＿＿＿＿＿＿＿＿＿＿＿＿＿＿＿

＿＿＿＿＿＿＿＿＿＿＿＿＿＿＿＿＿＿＿＿＿＿＿＿＿＿＿＿＿

如果你說它是經由忽視某些行為以減低那些行為的發生，你就說對了。

▲描述一些你曾觀察到用忽視法來減低行為發生的例子：＿＿＿＿＿

＿＿＿＿＿＿＿＿＿＿＿＿＿＿＿＿＿＿＿＿＿＿＿＿＿＿＿＿＿

▲描述一些你曾經歷或觀察到的，運用忽視法減少不良行為不成功的例子：

＿＿＿＿＿＿＿＿＿＿＿＿＿＿＿＿＿＿＿＿＿＿＿＿＿＿＿＿＿

＿＿＿＿＿＿＿＿＿＿＿＿＿＿＿＿＿＿＿＿＿＿＿＿＿＿＿＿＿

現在，你已經為忽視法下了定義，並且舉了一些例子。看起來，它似乎是簡單又普通的策略。不論如何，最困難的還是在實際執行的時候。事實上，你可能已經發現，要實施上面三個練習還真不容易呢！

這是因為我們絕大多數都已習慣於對任何事情做反應，不管那件事情是

好是壞，尤其像有些時候應該不去注意的事件，我們仍毫不選擇地反應。例如，孩子在公眾場合發脾氣，此時我們任何的注意反應都助長了孩子以後仍繼續發脾氣的習慣。另外一個困難是，我們在運用了忽視法後，我們不知應該期待對方會出現什麼樣的結果，所以在我們真正達到我們的目標前，我們常就停下來了，以致很可能使原來的不良行為變得更嚴重。

所以，在學習運用忽視法時，按部就班地學習下列八個步驟是很重要的。如此，你學會這個技術的機會就很大了。

即使你認為你了解使用忽視的基本原則，你應該認真執行這八個步驟的每一步驟。如果你如此做，你第一次嘗試這一重要技術就成功的機會會大大地增加。

 ## 運用忽視法的基本步驟

▶步驟一：界定或明確指出擬改變的行為

第一個步驟是很明確地決定到底要改變哪個行為。由於忽視法的策略是要減少不良行為的發生，所以確定欲改變的行為是什麼是很必要的步驟。在我們的社會裡，對那些易引起我們不耐或生氣的行為，通常我們都很注意。因此，要確定哪些是我們希望對方維持的行為，哪些是要減少的行為。

好的行為定義必須能回答下列問題：何人？何事？何時？何地？也就是：到底是誰的什麼行為，明確指出該行為，在什麼時候或什麼地方發生的？試以下面例子說明。

金老師是一位剛開始教書的國小五年級老師，她常被班上的一位學生激怒，學生名字叫做小明。他經常不聲不響地走近金老師的桌子，問金老師一些作業的事，或詢求金老師對他所做的事的讚許，甚至告訴老師一些他認為很重要的事。金老師經常被他嚇一跳，也惱怒他未經許可就擅自跑到教室前面來。金老師其實是頗喜歡小明的，小明是個好學生，而且長得很可愛；而金老師也知道小明很喜歡她，或許這就是小明常跑到前面桌子的原因，所以金老師也有些不忍心去斥責小明的行為。但是，金老師發現小明的這個行為

不但屢勸未改且愈來愈嚴重，造成金老師很大的困擾，她覺得必須想想辦法了。

要金老師去界定所要改變的行為時，她決定「當小明在課堂上未得到老師允許即走上前來到老師桌邊問功課、說話或做其他任何事情時」，都是要被改變的。但是，只要「小明舉起手來，且得到老師允許，他就可走到老師的桌子旁」。

這是一個好的行為定義，因為它已經回答了何人、何時、何事、何地等問題。小明是主要的人物，只要他在課堂上（何時），未經許可地走到老師的桌子旁（何地及何事），我們就可運用忽視法來改變小明的行為。

練習明確指出擬改變的行為

下面的情境，可以讓你練習如何明確指出期望改變之行為。

朱莉是一家公司的首席業務員，她有著全公司最佳的業績紀錄，但是她卻經常惹惱公司的總經理——吳先生；因為她每天總是在快下班的時候，走進吳總經理的辦公室，然後一五一十地報告當天她拜訪了多少個客戶，以及非常詳細地說明她當天有多少業績。她的行為通常要持續十五至二十分鐘，以致吳總經理經常被迫放下手邊的工作。除此之外，朱莉也常在一週一次的業務會議上獨攬大局；她常藉機吹噓她個人的行銷技術，同時批評其他業務員的建議；即使有他人提出一些意見，吳總經理發現他自己仍舊在和朱莉討論這些意見，好似這些意見是朱莉提出來的一樣。至此，吳總經理發現，他每週聽朱莉講話的時間愈來愈多，甚至他得經常聽朱莉抱怨這個同事的不好，那個同事的差勁，甚或郵寄、裝運等一些枝枝節節的事情。吳總經理想，這實在不是好現象，他應該有所改變了。

▲吳總經理在上面的情況下，應如何明確指出想改變的行為？

誰？＿＿＿＿＿＿＿＿＿＿＿＿＿＿＿＿＿＿＿＿＿＿＿＿＿＿＿＿＿

什麼行為？＿＿＿＿＿＿＿＿＿＿＿＿＿＿＿＿＿＿＿＿＿＿＿＿＿

什麼時候？_____

什麼地方？_____

▲你已指出吳總經理想要減少的那個特定的不良行為了嗎？　是□　否□

▲如果你的回答是「是」，很好！最好是一次針對一個行為。如果超過一個特定行為，再回頭試一次。你已回答何人、何事、何地、何時等問題了嗎？是□　否□

注意：在定義行為時，千萬不要用「標籤」，例如用這個人「具有敵意」、「懶惰」、「自我中心」、「態度差」等用語來敘述行為。因為這些名詞均不易觀察得到，宜改為針對特定行為來敘述。這些「標籤」通常包括的範圍太廣，對不同的人代表的可能是不同的行為。

▲試著以你自己周圍的人為對象，運用忽視法來改變他的某個行為。最好先選一個簡單但重要的行為為目標，讓你第一次的嘗試即能成功。

誰？_____

什麼行為？_____

什麼時間？_____

什麼地方？_____

▲請另一位同事檢查一下，如果你們兩人都認為上面的定義周全，就在這裡的□內打個勾。如果他不同意你的定義，就在下欄重新定義，直到定義周全為止：

_____

_____

▶**步驟二：測量行為**

第二個步驟就是要了解我們所要改變行為發生程度如何。要如此做的原

因主要有三：

1. 你可能會發現你所要改變的行為並不如你所想像的那麼惱人。當然這樣最好，此時，你可能就需要另外再確定要改變的行為為何。

2. 在介入前後，分別測量這行為的發生情形以提供回饋，讓我們了解所要改變的行為是否真的已經改變了。這在運用忽視法時尤其重要，因為在運用這個策略之初，欲改變的行為可能先變得更糟，然後才慢慢地轉好。所以，如果你能了解這特質並觀察行為的變化，將有助於你持續運用忽視法直到成功為止。

3. 如果你能從測量行為中看到欲改變行為的改變及進步，則你會更易記住常注意觀察這些期待的行為。要使忽視法發生作用，必須記住：隨時注意你所期待的行為。

計算行為發生的次數

測量行為發生的程度有許多種，其中最普遍的方式就是計算行為發生的次數。例如，小孩發脾氣的次數、學生打擾老師的次數、夫妻爭執的次數等。計算方式通常是在白紙上以筆劃記。如每當小明未經准許就走到前面的老師桌子，金老師就在事先準備好的紙上劃下一個記號，直到當天下課後，金老師就可以很快地計算出當天小明未經允許擅自走到前面桌子的次數。下面的圖示就是金老師一週來的記錄：

星期一	星期二	星期三	星期四	星期五
|||	卅	||||	卅	卅 ||

透過這個表的記錄，金老師計算出每天小明未經允許擅自走到教室前面的次數，分別是三次、六次、四次、五次、七次，一週來，總共是二十五次，平均每天五次。

計算行為的時間量

　　有些行為測量它發生的次數並無太大的意義；此時，我們可以測量它的持續時間量有多長。例如，仔仔睡前吵鬧的行為，除了可以計算每次吵鬧的持續時間量外，陳太太更可以計算仔仔吵鬧的總持續時間量。因為仔仔可能每晚只大吵一次，可是每天吵鬧不休的時間不盡相同，可能只有一分鐘，也可能延續到四十五分鐘之長；因此，記錄仔仔吵鬧行為持續的時間量是較有意義的。計算行為持續時間量的工具很簡單，可以用馬錶，甚或有秒針的手錶、掛在牆上的時鐘來計時都很好。

　　下面是吳總經理記錄朱莉經常打斷他的工作，而抱怨一些零碎事件的時間紀錄。吳總經理記錄持續時間量的方法是，每當朱莉開始向他講話抱怨時，他就記下當時的時間。最後在快下班時，再去計算當天朱莉總共花了多時間。結果發現朱莉每天平均要佔去他 31.8 分鐘的時間。

週一	週二	週三	週四	週五
10:20-10:45 ⇒25 分鐘 1:04-1:14 ⇒10 分鐘	10:10-10:17 ⇒7 分鐘 1:15-1:31 ⇒16 分鐘 3:20-3:50 ⇒30 分鐘	10:15-10:20 ⇒5 分鐘 3:30-3:42 ⇒12 分鐘	9:00-9:14 ⇒14 分鐘 11:05-11:25 ⇒20 分鐘	9:10-9:19 ⇒9 分鐘 1:30-1:41 ⇒11 分鐘
35 分鐘	53 分鐘	17 分鐘	34 分鐘	20 分鐘

　　大部分行為可藉由計算次數及持續時間量予以測量。其他有關如何定義及測量行為的訊息，可參見 Hall 和 Van Houten（1983）。

▲寫下你自己預定要運用忽視法來改變的行為，以及你所測量到的行為發生程度。記住，在正式開始運用你的改變策略之前，先仔細地測量出其基準

線的行為發生次數是重要的。

如果你的指導者同意你所選的方法是好的，在這裡的□打勾。如果你的測量方法還有問題，請繼續努力直到能在這方格裡打勾。

記錄行為

你的記錄可能是利用白紙或直接記在日曆紙上，為了便於閱讀，你不妨利用下面的格式來記錄所有的行為。

	日或節									
	1	2	3	4	5	6	7	8	9	10
行為發生的次數或持續時間量										

記錄持續的長短，端視所欲記錄行為的性質以及是否我們已獲得足夠的資料。如果你已確定獲得此一行為的平均發生次數或平均持續時間，你就可以為所測量到的行為發生程度下一定義：

▲平均而言，這個行為的發生_____

42

以圖示記錄行為

　　圖示可使大部分人輕易地了解複雜的資料。因此把上述的行為記錄結果轉化製成圖示，則會使人更易於了解。以金老師記錄小明未經允許即走到教室前面桌子的行為紀錄為例，將其紀錄轉化製成圖示的結果如下：

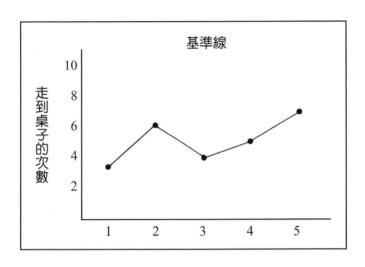

又以吳總經理記錄朱莉和他囉唆小事的行為為例，將其每天說話的分鐘數轉化成圖示的結果如下：

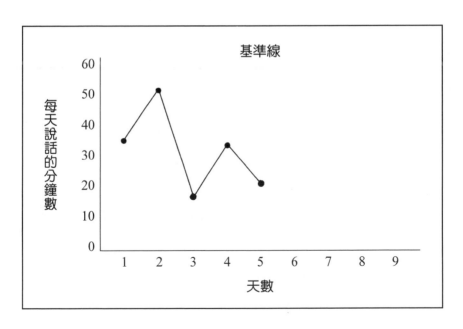

練習：圖示行為

在本篇最後的原始資料單範例，許多人用來以目視方式呈現目標行為。你可以用這些圖表呈現你要改變的行為。縱軸顯示行為的發生水準，橫軸記錄日期或節數。

在每一節呈現一資料點來繪製你所測量的行為。在你擬介入改變這行為之前的紀錄稱基準線。如果你不確定如何做，可要求你的指導者幫助你繪製圖表。

▶步驟三：設定行為目標

在測量出行為的發生水準後，接下來就是要設定一個行為的目標。例如，吳總經理既然已測量出朱莉每天向他囉嗦小事的平均時間，則他可以為自己設定一個目標——每天朱莉和他囉嗦的時間必須降低到五分鐘以內。有了這樣的衡量標準，吳總經理就可以很有目的地實行忽視法了。

▲試著描述你設定的行為目標的水準是：＿＿＿＿＿＿＿＿＿＿＿＿＿

＿＿＿＿＿＿＿＿＿＿＿＿＿＿＿＿＿＿＿＿＿＿＿＿＿＿＿＿＿＿＿

▶步驟四：決定使用何種忽視法

在正式運用忽視法來改變行為時，必須注意下列重要事項：

1. 一旦開始運用忽視法後，絕對必須貫徹始終，不可半途而廢，否則不但結果失敗，且可能對對方造成傷害。

2. 要有心理準備，運用忽視法後，在它轉變成良好行為之前，可能會先有變得更糟的階段。

3. 當你運用忽視法後，對方會開始出現一些攻擊行為，例如罵人、打人等。

4. 在實施這個策略之前，你必須先周詳地思考一下可能會發生的問題，試想可能的解決方法，以未雨綢繆地順利運用此一行為改變的策略。

5. 此一策略的實施有許多方式，你必須選你能力可及的。

6. 你可能需要找一個了解你的行為改變計畫的人，給予你必要的支持及回饋，以幫助你可以堅持實行這個計畫。

7. 在你故意不注意某些行為以減少這些不良行為的時候，必須同時去注意那些你想要對方增加的良好行為表現。

　　蘇先生和蘇太太對他們四歲的兒子簡直不知怎麼辦才好，蘇小雄的脾氣很壞，且愈大愈壞。他們曾試著和小雄講道理但沒有用；偶爾他們亦想不要在他發脾氣時就那麼輕易讓步，但是如此只引來小雄更可怕、更強烈的脾氣。他們曾帶小雄去小兒科醫生那兒檢查，卻沒發現任何毛病。所以後來大部分時候，蘇先生和蘇太太在小雄發脾氣時就任其所欲，尤其是蘇太太更是寵得他無法無天。直到最近，小雄變得愈發不可理喻，簡直胡鬧到極點，以致蘇先生開始忍受不了他兒子的行為舉止，而動手打小雄的屁股，但是如此的懲罰仍然只帶來小雄更厲害的大哭大鬧。蘇氏夫婦也發現在公眾場合或有友人來訪的時候，小雄胡鬧的行為尤甚，他們簡直是束手無策了。後來他們幾乎不敢邀請親友來家裡作客，也鮮少被別人邀請。

　　最後，蘇氏夫婦只好向心理學家求助，請教他們如何來處理這個棘手的問題。這位心理學家——李博士在了解情形之後，建議他們運用忽視法的策略來減低小雄亂發脾氣的行為。同時，在蘇氏夫婦開始運用此一策略之前，李博士預先協助蘇氏夫婦做了一些準備。

　　首先，李博士協助蘇氏夫婦先為小雄的暴怒行為做一個較清楚的定義，然後，教他們去測量小雄亂發脾氣行為的「基準線」。此時，蘇氏夫婦很驚訝地發現，小雄發脾氣的次數是一週內五次或六次，也就是小雄每天發脾氣的次數並未如他們原先所感覺的那麼頻繁。此外，他們由基準線階段所收集到的資料顯示，小雄每次發脾氣的行為平均持續三至五分鐘，也不如他們實

際感覺中的那麼長。無論如何，蘇氏夫婦仍然感覺到這種亂發脾氣的程度仍然是不能忍受的；因此他們必須學習如何避免引發小雄胡鬧行為的技巧。他們把目標訂在每週最多只能有一次的胡鬧行為。

接受不良行為會先陡增的現象

李博士在協助蘇氏夫婦做一些事前準備的同時，也鄭重地向他們說明，運用此一策略最大的特點就是，在開始的階段那些不良的行為可能會有突然上昇的趨勢。也就是小雄在蘇氏夫婦開始實施忽視法後，可能會更加暴怒，也會增加亂發脾氣的次數，此乃一個過程現象，必須去接受它。李博士同時向蘇氏夫婦說明箇中道理。在小雄第一次發脾氣時，可能並不強烈；但是，如果父母此時刻意地注意小雄的行為，同時接受小雄的要求，那麼小雄學到的是：下次要什麼東西，就要用這種方式來要脅，所以小雄發脾氣的次數及強度就易愈來愈強。如果父母親偶爾決定不接受小雄的要求，小雄會試著用更強烈的方式來表達他的不高興及要求，例如，大哭大叫，甚至亂踢、亂咬等等，如果父母親在此時又放棄了立場，順從了小雄的要求，小雄在當中又學到另一種不良的態度：下次不順他的意，要用更強烈的行為才能達到目的。所以，現在蘇氏夫婦要開始運用忽視法，小雄的行為在開始時會比以前更糟。

也因此，李博士再一次向蘇氏夫婦強調在開始運用策略之前，一定要好好地測量及記錄小雄的行為，他說：「唯有好好測量及記錄小雄的行為變化情形，才能對他未來會變得符合理想有信心！」他又補充說明：「因為，你們從小雄先變壞的情形可以了解我們的預測是正確的；只要你們繼續堅持下去，就會如我們原先所期待的，最後會達到我們想要的目標。」

下面的圖就是小雄在他父母親開始運用忽視法後，幾天內的行為變化情形：

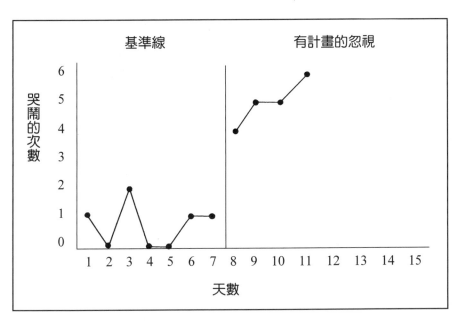

由圖中可看到，小雄的胡鬧行為在實驗階段陡然上升了很多次，甚至他哭鬧的強度及時間也加劇。有一次，蘇先生量了一下他哭鬧的持續時間量達一小時又四十八分鐘；蘇氏夫婦那時感到那似乎是無法休止的災難，但相信堅持忽視法的策略會逐漸變好。

可能會發生的攻擊行為

李博士又提醒蘇氏夫婦，小雄除了那些暴怒行為的次數及強度都會增加外，他可能也會出現一些攻擊行為，例如，厲聲嘶喊、亂罵人、踢人、咬人、亂摔東西等。這種情形有點像是當一個人投錢到自動販賣機裡，可是卻沒有東西出來時，這個人的第一個反應是對這個自動販賣機又敲又打，甚至踢它幾下。所以蘇氏夫婦已準備好，如果小雄大叫、大罵或想咬人時，蘇太太馬上離開現場將自己鎖在臥室，直到他的攻擊行為停止為止。

特別注意好行為

此外，李博士還告訴蘇氏夫婦，除了要忽視那些不良的暴怒行為外，也

要對小雄一些有禮貌的好行為予以特別的注意及讚賞。為什麼呢？因為運用忽視法只能讓對方減少那些不良的行為，卻不能讓他出現好行為；所以，一旦他的好行為出現時，我們要給予特別的注意及讚許，他才會學到多去表現那些好行為。所以，李博士特別提醒蘇氏夫婦要注意，當小雄提出一些無理的要求，而要拒絕他這行為；但當小雄未發脾氣的時候，這時一定要抓住機會予以鼓勵，並馬上告訴小雄：「爸爸媽媽最喜歡你這樣子了。」

▶步驟五：忽視法的演練

為加強蘇氏夫婦的信心及熟練度，李博士建議他們三人以角色扮演的方式練習忽視法。開始時，蘇太太扮演小雄的角色，蘇先生扮演他自己，李博士則是觀察記錄者。下面就是演練的經過：

小雄（四歲）：你的父親剛剛說完了一個故事，而你要父親陪你一起玩遊戲，但是父親想看他自己的報紙，所以並沒有答應和你一起玩，於是你開始大哭、踢他、尖叫、跺腳。

蘇先生：你已經花了十五分鐘為小雄講了一個故事。你現在告訴小雄你想看報紙，明天你會再講另外一個好聽的故事給他聽，然後不管他表現得多麼狂野，你都不理會他的任何要求。

李博士：引導雙方進入情況，同時，教導他們應該表現的行為，最後予以回饋。

角色扮演記錄表

下面的表格，可以檢查當他們三個人（蘇先生、蘇太太及李博士）在扮演小雄及父親的角色時，是否已表現出應該有的行為。

記錄表範例：角色扮演忽視法

父母的行為	角色扮演者（父母）		
	蘇先生	李博士	蘇太太
1. 移開視線不看小孩	✓	✓	✓
2. 離開小孩約一公尺遠	✓	✓	✓
3. 保持泰若自然的表情	✓	○	✓
4. 不理會任何要求	✓	✓	✓
5. 如果需要，離開現場	✓	✓	✓
6. 在五秒鐘內開始採用忽視法	○	✓	✓

由上面的記錄表中可看到，李博士觀察到蘇先生在扮演他自己的角色時，很快地進入情況，把每個應該有的行為都表達得很好，只是他的行為通常都超過五秒鐘後才開始反應。例如，蘇先生在拒絕了小雄要他陪著玩遊戲的要求後，還繼續聽小雄的話，看小雄。

之後，他們三人交換角色，李博士扮演蘇先生的角色，蘇先生扮演小雄的角色，蘇太太則扮演觀察記錄者的角色。在演練的過程，李博士無法抗拒小雄對他微笑，他無法保持泰若自然的表情的要求。

然後他們再次交換角色，蘇太太扮演先生，李博士扮演小雄，蘇先生則扮演觀察記錄者的角色。結果，蘇太太幾乎做到所有的行為要求。

忽視法的運用方法

在李博士的協助下，蘇氏夫妻列下一些可以表達忽視法的方法：

1. 每當小雄亂發脾氣的時候，不和小雄說話也不回答他，直到他停止發脾氣為止。

2. 每當小雄正在發脾氣的時候，絕對不看小雄（避免視線接觸），直到他停止發脾氣為止。

3. 轉過身去。

4. 離開小雄。

5. 離開現場走到另一房間，並關上門。

6. 若在屋內則走到屋外，或若在屋外則走進屋內。

7. 假如在公眾場所，走開或走到車子邊（但要暗地裡看他，以確保他的安全）。

8. 如果有親友來訪，事先和他們說明，並請他們協助表達忽視法的行為。

一旦開始，必須貫徹始終

　　蘇氏夫婦很努力地遵守他們所列出來的行為表現；但是，他們也發現有些時候他們實在難以堅持到底，尤其是在公眾場合或有親友在場的時候。不論如何，他們仍然決定與其將來忍受永無止境的吵鬧不休，還不如現在多忍耐一下別人的議論紛紛及瞪視。因此，蘇氏夫婦仍然貫徹他們的態度表現。

　　不過，他們也收到一些親友的掌聲。當知道他們在用忽視法改變小雄的行為後，親友們也認為那對小雄是最好的辦法，同時鼓勵他們堅持到底的決心。此外，由記錄中的資料，也給他們一些信心，尤其在第十二天的時候，暴怒的次數及強度都開始減少及減低了。從那時開始，小雄亂發脾氣的行為一直在減少，並且就如李博士所預測的，暴怒行為停止了，且幾乎完全消失了。蘇氏夫婦開心極了。然後，在幾個禮拜後，小雄幾乎沒有再亂發過脾氣，這比原先一週至多一次的目標還要理想。小雄看起來更快樂，而蘇氏夫婦也自小雄出生後，真心地享受了天倫之樂。下圖是小雄發脾氣行為的基準期及實施忽視法的十三天介入期紀錄。

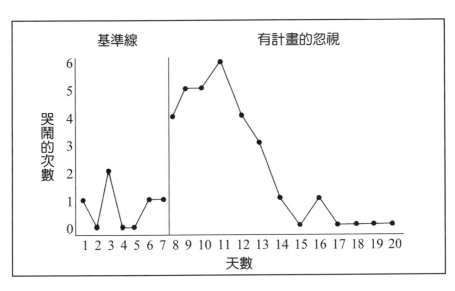

▶ 步驟六：決定選用哪些改變的方法

▲ 你已看到蘇小雄的父母事先如何選用適當的改變方法來協助小雄改變行為。
在你自己的改變計畫中，你將選用哪些方法來實行你的忽視法呢？把它列
下來：

1. _____

2. _____

3. _____

4. _____

5. _____

6. _____

7. _____

你至少要列出：移開視線、保持泰若自然的表情、不回答、在五秒鐘內行動等方法。與你的指導者一起檢核，看他是否同意你上面所列的；若是，在這裡的 □ 打勾。

你可以找你的配偶、朋友、指導者一起以角色扮演的方式來練習忽視法。開始時，有一人扮演那個要被改變行為者，一人扮演那個計劃要去改變別人行為者，一人扮演觀察記錄者。每演練完一次，三人角色輪流對換，直到三個人都有機會演練三個不同的角色行為為止。

▲請設定一個情境，以描述下列角色：

目標人物：＿＿＿＿＿＿＿＿＿＿＿＿＿＿＿＿＿＿＿＿＿＿＿
＿＿＿＿＿＿＿＿＿＿＿＿＿＿＿＿＿＿＿＿＿＿＿＿＿＿＿＿

運用忽視法的人：＿＿＿＿＿＿＿＿＿＿＿＿＿＿＿＿＿＿＿
＿＿＿＿＿＿＿＿＿＿＿＿＿＿＿＿＿＿＿＿＿＿＿＿＿＿＿＿

記錄者：指導角色扮演，同時提供回饋。
記錄表：列出要檢核的行為項目。

記錄表範例：角色扮演忽視法

父母的行為	角色扮演者（父母）		
	1	2	3
1. 移開視線不看小孩 2. 離開小孩約一公尺遠 3. 保持泰若自然的表情 4. 不理會任何要求 5. 如果需要，離開現場 6. 在五秒鐘內開始採用忽視法			

注意期望出現的好行為

忽視法如果能和「系統性注意與讚賞」策略併用，則效果卓著；亦即忽視那些不良的行為，但對那些良好的行為要予以特別的注意及讚賞。

▲請列出一些在行為改變計畫中，你期望對方出現的好行為。當它們出現時，你會以微笑、和對方說話、注視對方、接近對方等行為來表達出你的注意與讚賞。

1. _____

2. _____

3. _____

4. _____

5. _____

運用忽視法的適當時機

相信你已經知道什麼時機運用忽視法最恰當，試回答下列問題：

1. 當你決定運用忽視法後，什麼時機出現這種行為最恰當？ _____

2. 當不良行為出現後，你必須在多少時間內表達出不理會的行為？ ____秒

如果你回答，一旦對方出現不良行為，你必須在五秒鐘內表達出不理會的行為，你就對了。

▶步驟七：複習

到目前為止，你已經知道忽視法的行為改變步驟，我們試著複習一下。

————————————————————————————

歸納前六個步驟。

1. 界定或明確指出擬改變的行為。請描述你想改變的行為。

誰？＿＿＿＿＿＿＿＿＿＿＿＿＿＿＿＿＿＿＿＿＿＿＿＿＿＿

什麼行為？＿＿＿＿＿＿＿＿＿＿＿＿＿＿＿＿＿＿＿＿＿＿

什麼時候？＿＿＿＿＿＿＿＿＿＿＿＿＿＿＿＿＿＿＿＿＿＿

什麼地方？＿＿＿＿＿＿＿＿＿＿＿＿＿＿＿＿＿＿＿＿＿＿

2. 測量行為

請描述你所測量的行為的出現水準：＿＿＿＿＿＿＿＿＿＿

＿＿＿＿＿＿＿＿＿＿＿＿＿＿＿＿＿＿＿＿＿＿＿＿＿＿＿＿

3. 選擇擬改變行為的目標

描述你設定的行為目標是：＿＿＿＿＿＿＿＿＿＿＿＿＿＿

＿＿＿＿＿＿＿＿＿＿＿＿＿＿＿＿＿＿＿＿＿＿＿＿＿＿＿＿

4. 決定使用何種忽視法

請描述你將選用哪些方式來實行忽視法：＿＿＿＿＿＿＿

＿＿＿＿＿＿＿＿＿＿＿＿＿＿＿＿＿＿＿＿＿＿＿＿＿＿＿＿

5. 忽視法的演練

你是否已演練你選的忽視法？　是 □　否 □

6. 決定開始行動的時機

描述你將在何時付諸行動：＿＿＿＿＿＿＿＿＿＿＿＿＿＿

＿＿＿＿＿＿＿＿＿＿＿＿＿＿＿＿＿＿＿＿＿＿＿＿＿＿＿＿

7. 注意期望出現的好行為

列出你期待及將給予注意與讚賞的好行為：＿＿＿＿＿＿＿＿＿＿

＿＿＿＿＿＿＿＿＿＿＿＿＿＿＿＿＿＿＿＿＿＿＿＿＿＿＿＿＿＿

8. 可能的問題

請列出在你開始運用忽視法時，可能發生的問題：＿＿＿＿＿＿＿＿

＿＿＿＿＿＿＿＿＿＿＿＿＿＿＿＿＿＿＿＿＿＿＿＿＿＿＿＿＿＿

如果繼續此一策略，請列出可能會發生哪些問題？＿＿＿＿＿＿＿＿

＿＿＿＿＿＿＿＿＿＿＿＿＿＿＿＿＿＿＿＿＿＿＿＿＿＿＿＿＿＿

如果對方在大庭廣眾之下大鬧的話，你將如何處理？＿＿＿＿＿＿＿

＿＿＿＿＿＿＿＿＿＿＿＿＿＿＿＿＿＿＿＿＿＿＿＿＿＿＿＿＿＿

▶**步驟八：實行計畫**

　　如果你很認真地研讀本篇的內容，同時研習每個練習，相信你已具備開始運用忽視法的條件了。但是在你開始之前，再提醒你一個重點；在你要去改變對方的某一個行為之前，不妨先和對方說明清楚。

　　你只需向他說明一次，但是要以鄭重其事的態度表達出來，然後從那一刻起！你真正地忽視他的那個特定的行為。例如，你可以說：「對不起！我不想再繼續討論了！」或「我現在開始不想再聽你的閒話了！」或「你說的事情我不太有興趣，讓我們換個話題！」

　　如果你在開始運用忽視法之前，能向對方說明清楚你的意圖，則對方會了解，是他自己的行為引起你的忽視。而且，如果你能貫徹你的態度，每當對方表現出那個行為時，你便忽視；那麼對方便由此學到向你再爭辯、哀求、討好都是沒用的；只有表現出理想的行為，才能獲得你的注意。

　　向對方事先說明的另一好處是，讓對方了解你只是忽視他的某個特定行為，而不是不理他本人。於是，他也會很快地了解，只要他停止表現那個不良的行為，你們之間的關係會馬上恢復如昔。所以，事先向對方說明你的行

為改變計畫要比不向對方說明來得有效。

　　不過，凡事亦有些例外，有時在一些陌生的社交場合，卻是不事先說明為宜，你只要忽視某些無聊的行為，它自然會消失。

▲你在想改變對方某個行為之前，是否事先向他說明你的改變計畫（只有一次）？　是□　否□

▲若是，你會如何措詞？＿＿＿＿＿＿＿＿＿＿＿＿＿＿＿＿＿＿＿＿＿＿＿

＿＿＿＿＿＿＿＿＿＿＿＿＿＿＿＿＿＿＿＿＿＿＿＿＿＿＿＿＿＿＿＿＿＿＿

▶步驟九：評量結果

在測量出基準線後，你仍然必須繼續測量行為的改變情形，以了解你所運用的行為改變策略是否奏效。建議你仍然用下面格式的表格來記錄行為改變的情形：

	日或節									
	1	2	3	4	5	6	7	8	9	10
行為發生的次數或持續時間量										

▲由上面表格的資料，試將這次行為發生的平均次數或平均時間，和上次在基準線階段所測得的行為平均次數或平均時間相比較，結果如何？
　　□行為增加？　□行為減少？　□沒有改變？

▲對方的行為表現為何？＿＿＿＿＿＿＿＿＿＿＿＿＿＿＿＿＿＿＿＿＿＿＿

▲在行為改變初期，那些不良行為是否愈形嚴重？＿＿＿＿＿＿＿＿＿＿＿＿

▲在何時對方的不良行為才開始逐漸減少？＿＿＿＿＿＿＿＿＿＿＿＿

▲在你堅持實施此一行為改變策略的過程當中，你最感到困難的是什麼？＿＿

▲你是否準備運用忽視法去改變其他的行為？　是 □　否 □　如果是，是什麼？

誰？＿＿＿＿＿＿＿＿＿＿＿＿＿＿＿＿＿＿＿＿＿＿＿＿＿＿＿＿＿＿＿

什麼行為？＿＿＿＿＿＿＿＿＿＿＿＿＿＿＿＿＿＿＿＿＿＿＿＿＿＿＿＿

什麼時間？＿＿＿＿＿＿＿＿＿＿＿＿＿＿＿＿＿＿＿＿＿＿＿＿＿＿＿＿

什麼地方？＿＿＿＿＿＿＿＿＿＿＿＿＿＿＿＿＿＿＿＿＿＿＿＿＿＿＿＿

如果你在使用忽視法之前曾圖示個人行為，在你的圖上畫出一條垂直線並持續記錄行為的表現情形，如同蘇氏夫妻圖示小雄的發脾氣（參見第51頁）。這將給你所選行為的目視紀錄，這樣便容易看出該行為是否先上升然後再下降。

 忽視法失效時，怎麼辦

　　忽視法可以運用於大部分的情況，但偶爾也會遭遇到施展不開的時候。例如，有些已習慣運用一些破壞性行為以吸引注意的孩子，他們經常在生氣時猛撞自己的頭或亂丟玻璃杯等危險物品，又如離家出走或犯法行為；對孩子在這種本身或財物會有重大損失的情況下，都不宜運用忽視法。這雖然是少數極端的例子，但要覺察有此可能；可另採其他行動計畫，例如，隔離

（time-out）或自負其責法（response cost）等〔請參見本冊第一篇「除了懲罰，難道別無他法？——隔離策略的應用」及 Thibadean（1998）〕。

除了上述的情形，有些不良的行為雖然我們忽視，但是其他人卻持續地對這些不良行為予以注意增強，以致這些行為無法確實消失。在這種情況下，列出這些人的名單，並取得他們的合作。例如，有位小學老師決定運用忽視法減低班上一位同學在上課常發出怪聲的行為。可是他發現即使他故意不去注意他，班上其他同學仍然忍不住發笑，同時轉頭看他；這種增強，讓這位同學發出怪聲的行為一直持續下去。後來，老師列出需要班上合作的同學名單，與他們私下談話，請他們協助老師；在那位同學發出怪聲時，就裝作沒聽到，不要回頭，不要發笑，也不要做反應；如果此種方法仍無法奏效時，則必須另外選用其他的行為改變策略了。許多老師改變行為的成功，乃是列出需要班上合作的同學名單，取得他們的合作（Hall & Copeland, 1972）。

結語

本篇說明忽視法可以如何地減低一些不良行為的發生。這些基本的程序應該每人都要懂，且能運用在日常生活中；否則，我們常在不知不覺中增強和維持別人那些不良的行為而不自知。

在本篇中的一些事例都是簡單而易於了解的真實例子，當然，除了這些例子的行為以外，還有舉不盡的不良行為可運用忽視法來改變。但是，就像之前所指出的，也有某些不良行為在某些人、或某些情況不適合單獨運用忽視法來改變行為；此時，或許必須與其他行為改變策略一起併用，才能達到目的。

當然，你也可能發現運用忽視法已確定無效，此時你要考慮以其他行為改變的策略來替代，例如，隔離法、行為契約、系統性的增強、自負其責、積極演練或代幣制度等（請參閱其他冊）。無論如何，忽視法和系統性注意與讚賞兩種策略如果能併用無間，則仍是最經濟、限制最少的好策略。同時，它是最易於運用到日常生活中，且最有持續效果的策略。

一般而言，如果你學會運用忽視法，同時又發現它減低那些不良行為的

威力時，可融入與周圍朋友的交往當中。因此，它絕不是一袋子待人處世的花招技巧，而是可以統整為生活中的一部分。

　　一個好老師會花時間去注意學生的良好行為表現，同時鼓勵他們所做的努力。一個好的家長會注意子女的良好表現，並讓他的子女知道他是多麼以他為榮。成功的丈夫或太太會注意到配偶為自己所做的許多事，同時表達出他或她的感激。一位好主管會讓他的下屬知道哪些行為表現是他所欣賞的。

　　大部分的人都傾向於表現那些被注意及讚賞的行為。所以，如果你真正學會運用忽視法，那麼你就知道不要去注意那些不良的行為，以徒增不良行為出現的機率。所以，與其去注意那些不良行為，使它出現後，再要求對方去控制、改正這些不良行為，還不如根本不要去注意它，以減少它發生的機會。同時，不妨雙管齊下地也特別注意那些良好的行為，促發它的出現；如此，一種健康而愉悅的關係才會發展出來。

　　以上是忽視法運用的秘訣及大前提，這也是你與你的朋友、小孩、親人、同事交往的一些基本態度。

追蹤方案

　　下面的表格是提供給你和你的指導者回饋及檢查你運用忽視法的成效，應在實施此一策略兩個星期或兩個星期以後檢討及填寫。

1. 你第一次運用此一策略的結果是否成功？　是□　否□

2. 你看到哪些行為改變了？＿＿＿＿＿＿＿＿＿＿＿＿＿＿＿＿＿＿＿

3. 你遭遇到什麼樣的問題？＿＿＿＿＿＿＿＿＿＿＿＿＿＿＿＿＿＿＿＿

＿＿＿＿＿＿＿＿＿＿＿＿＿＿＿＿＿＿＿＿＿＿＿＿＿＿＿＿＿＿＿＿＿

4. 你能解決上述這些問題嗎？如果是，如何解決？＿＿＿＿＿＿＿＿＿＿

＿＿＿＿＿＿＿＿＿＿＿＿＿＿＿＿＿＿＿＿＿＿＿＿＿＿＿＿＿＿＿＿＿

5. 請描述其他你曾經成功改變的行為： _____

_____

6. 你會繼續運用忽視法嗎？ 是□ 否□

對誰？ _____

7. 你是否已經完全知道如何運用忽視法嗎？ 是□ 否□ 尚可□

8. 說明： _____

_____

記錄方法：_____

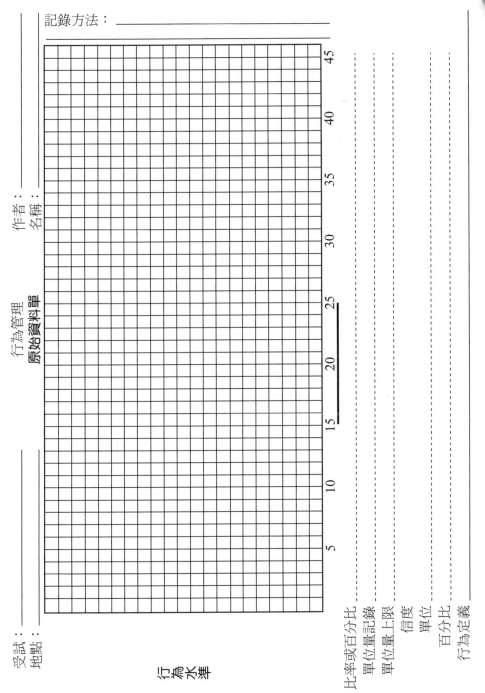

作者：_____
名稱：_____

行為管理
原始資料單

受試：_____
地點：_____

行為水準

45　40　35　30　25　20　15　10　5

比率或百分比 ┄┄┄┄┄┄┄┄
單位量記錄 ┄┄┄┄┄┄┄┄
單位量上限 ┄┄┄┄┄┄┄┄
信度 ┄┄┄┄┄┄┄┄
單位 ┄┄┄┄┄┄┄┄
百分比 ┄┄┄┄┄┄┄┄
行為定義 ┄┄┄┄┄┄┄┄

參考文獻與延伸閱讀

Axelrod, S. (1983). *Behavior modification for the classroom teacher.* New York: McGraw-Hill.

Craighead, W. E., Kazdin, A. E., & Mahoney, M. J. (1981). *Behavior modification: principles, issues and applications.* Boston: Houghton-Mifflin.

Hall, R. V., & Van Houten, R. (1983). *Managing behavior: Part 1. The measurement of behavior.* Austin, TX: PRO-ED.

Hall, R. V. (1975). *Managing behavior: Part 2. Basic principles.* Austin, TX: PRO-ED.

Hall, R. V., Axelrod, S., Tyler, L., Grief, E., Jones, F. C., & Robertson, R. (1972). Modification of behavior problems in the home with a parent as observer and experimenter. *Journal of Applied Behavior Analysis, 5,* 53–64.

Hall, R. V., & Copeland, R. (1972). The responsive teaching model: A first step in shaping school personnel as behavior modification specialists. In *Proceedings of the Third Banff International Conference on Behavior Modification* (pp. 125–150). Champaign, IL: Research Press.

Hall, R. V., Fox, R., Willard, D., Goldsmith, L., Emerson, M., Owen, M., Davis, F., & Porcia, E. (1971). The teacher as observer and experimenter in the modification of disputing and talking-out behaviors. *Journal of Applied Analysis, 4,* 141–149.

Hall, R. V., & Hall, M. C. (1998). *How to use time-out.* Austin, TX: PRO-ED.

Hall, R. V., Lund, D., & Jackson, D. (1968). Effects of teacher attention on study behavior. *Journal of Applied Behavior Analysis, 1,* 1–12.

Hall, R. V., & Van Houten, R. (1983). *Managing behavior: Part I. Measurement of behavior.* Austin, TX: PRO-ED.

Harris, F. R., Johnston, M. K., Kelly, C. S., & Wolf, M. M. (1964). Effects of positive social rein-forcement on regressed crawling of a nursery school child. *Journal of Educational Psychology, 55,* 35–41.

Kazdin, A. E. (1994). *Behavior modification in applied settings.* Pacific Grove, CA: Brooks/Cole.

Miller, L. K. (1997). *Principles of everyday behavior analysis.* Pacific Grove, CA: Brooks/Cole.

Rusch, F. R., Rose, T., & Greenwood, C. R. (1988). *Behavior analysis in special education.* Englewood Cliffs, NJ: Prentice-Hall.

Sulzer-Azeroff, B., & Mayer, G. R. (1991). *Behavior analysis for lasting change.* Fort Worth, TX: Holt, Rinehart and Winston.

Thibadeau, S. F. (1998). *How to use response cost.* Austin, TX: PRO-ED.

Williams, C. D. (1959). The elimination of tantrum behavior by extinction procedures. *Journal of Abnormal Social Psychology, 59,* 269.

Wills, G., & Hall, R. V. (1974). A school counselor assists a teacher in reducing disruptions by a second grade girl. In R. V. Hall (Ed.), *Managing behavior: Part 3. Applications in school and home.* Austin, TX: PRO-ED.

3

如何激發學習動機？

——回饋法的應用

R. V. Houten◎著

周天賜◎譯

引言

　　雖然回饋法（feedback）長期被認為是有效的教學基礎，但它在激發個體和團體高度表現的角色較不為人所知。最近的研究文獻顯示，當教師、家長、教練、經理及行政人員等系統地運用回饋法，他們能更有效地激發士氣。

　　回饋法的好處之一是，它使人們集中注意於自己的進步情形，使他們為自己的成就感到自豪。這自豪感幫助他們維持努力，有助於面對新的挑戰。然而，要有效使用回饋法，你需要了解和應用其成功的原則。本篇旨在幫助指導者和學生更加純熟地運用這種強有力的激發動機的工具。

 ## 如何成為一位更好的指導者或經理

　　大家都希望更有效地協助關心的人在生活的重要層面表現進步和成長。例如，多數人希望更有效地教導子女、學生、員工學會責任感、好的工作習慣、與他人合作、對工作滿意有成就。在一個愈來愈競爭的世界，上述這些

特徵對維持個人的生活水準是重要的。本篇在告訴你：怎麼使用回饋來提示和強化積極行為。本篇的練習能立即提供你練習回饋法的機會。

本篇的回饋技術，是根據數十年來在真實情境的研究成果。許多研究是由父母、教師、社區領導者、雇主等執行，其主要興趣在於獲得結果重於驗證理論。許多人嘗試了這些回饋技術，驚奇於其導致及維持行為重大改變的強大力量。對抗拒使用金錢或物質當誘因以增加良好行為的人，或發現只用稱讚不足以養成良好行為表現的人，尤其有必要了解如何使用回饋法。由於人們傾向於併用回饋和稱讚以取得最佳的結果，強烈推薦你，也閱讀第二冊第四篇「如何讓孩子朝我們期望的方向發展？——系統性注意與讚賞的應用」。

本篇的練習可單獨使用，但有人指導較好，尤其是有行為改變背景及應用回饋法經驗的專家來指導。理想上，指導者應該在班級、研討會、或團體聚會示範練習。這樣有組織的情境能有更好的回饋、討論、注意、和鼓勵對練習的反應。有些讀者一開始就能成功地使用回饋法，即使只有很少協助；另有些人需要額外的解釋和練習，才能有最佳的結果。一旦你學會怎麼使用回饋法改進你自己和他人工作的質和量；在使用和接受回饋時，你將嚐到滿意的滋味。

 何謂回饋

回饋是一種手段，經由這個手段，一個人在完成某個行為後，隨即知道自己這個行為的真象。也就是說，他得到一些被自己行為所決定的訊息。因此，回饋可以用來增加好行為或減少壞行為。一般而言，回饋的訊息愈能精確地量化，則行為愈能有效改變。因此，好的回饋應提供行為發生的頻率、發生的時間長度、行為發生的難易與快慢等訊息。

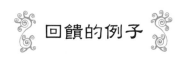

回饋的例子

在學校

　　王老師是小學四年級的老師，她在每個禮拜三節的作文課中，通常會要求學生在三十分鐘後交一篇作文。但是她發現差不多每位學生都寫得短而少，她認為學生的表現應該不僅於此，應該可以寫得更完整且長些。

　　為了引發學生的動機，王老師決定試用回饋的方式。首先，她在教室的另一個小黑板上畫了一個表格，表上的前三欄記錄：(1)班上每位學生的姓名；(2)每位學生當天的成績（作文的字數）；(3)每位學生曾有的最好的成績（該生曾寫過最長的作文字數）等；此外，另有兩欄記錄全班當天的作文總成果（全班學生的作文總字數），及全班學生歷次最好的總成績（全班學生作文最高總字數）。

　　隔天，王老師向全體學生說明表格的目的，同時指出每位學生自己目前最好的作文成果為何，並要求學生超越自己已有的最佳紀錄。規定學生每天只有十五分鐘寫作文，並用馬錶計時（縮短作文時間並準確計時是激發學生努力作文的有效方法）。在學生寫完作文後，要學生計算自己當天的作文字數並寫在作文首頁的右上角；由老師當場核對無誤後，登記新分數，必要時更正該生最好的作文成果（最長的作文字數）。俟全班作文總字數加完後，記錄全班當天的作文總成績（全班學生的作文總字數），必要時更正全班的作文最高總成績（全班學生作文總字數最高的紀錄）。在下一次開始上作文課時，王老師向同學指出每個人及全班最好的作文成績，並鼓勵同學努力打破已有的最高紀錄。

　　在實施這方案的第一天，同學們都懷疑自己的能力表現，尤其是將寫作文的時間減半。但是，經過持續這個回饋的程序，王老師發現，在作文課時全班學生都全力以赴地努力，同學間若有交談，也是關於他們達成的作文字數成績（Van Houten, Morrison, Jarvis, & McDonald, 1974）。

在社區

美國北卡羅來納州關心許多駕駛人沒有繫安全帶,即使已知安全帶的使用能減少在高速公路的傷害和死亡。雖然經加強執行,使用安全帶的量有明顯增加,但仍然有很大的改進空間。經諮詢了幾位心理學家的建議後,決定提供駕駛人每週繫安全帶百分比的訊息回饋,州政府決定先在兩座城市試用這種方法。他們在高速公路架設大看板,寫著:「本市上週繫安全帶佔＿＿＿%,最佳紀錄＿＿＿%。」。這些大看板豎立在交通繁忙的地點,許多通勤者和駕駛人每天會看見。每週在這兩座城市不同地點抽樣調查繫安全帶量,以提供決定在何處架設大看板的資訊;但個別大看板附近未測量該處繫安全帶的數量。接著,計算駕駛人繫安全帶的百分比,這數字自開始架設大看板後,每週都有改變。

大看板的訊息回饋使這兩座城市的安全帶使用量立即且持續增加,甲市繫安全帶的百分比從 74%增加到 90%,乙市從 80%增加到 87%。由於這方案很有效,北卡羅來納州已到處豎立這種大看板,提供駕駛人訊息回饋(Malenfant, Wells, Van Houten, & Williams, 1996)。

在運動場

一個常拿倒數第一名的游泳隊教練,認為該隊成績不佳的原因是隊員在每次練習時未盡全力之故。例如,隊員在練習時,來回游泳的圈數均未達教練所要求的。

為此,教練想了一個辦法,他在游泳池的終點處,貼了一張防水的海報,上面有每位隊員到目前為止,在練習時間內游過的累積圈數及最佳紀錄。為使回饋流程簡潔有效,他讓每位隊員在每天練習完後,自行記下當天游泳的圈數;讓隊員能看到自己及他人的游泳練習圈數及最佳紀錄。

除此之外,教練還把整個游泳隊的成績加總起來。每天練習完後檢討所有成績,如果有進步,則對整隊勉勵有加,以提高隊員之動機。

採用回饋法後,整個游泳隊的練習圈數立即且持續提高,在比賽時由第六名進步到第二名(McKenzie & Rushall, 1974)!

在職場

　　在一所州立教養院中，心理師們給予院內十一組員工四週的課程，教導如何應用行為分析技術協助智障院童較有效率地自理生活。經過了幾次講習後，心理師們要求這些員工練習訓練特定院童生活自理，並記錄行為的進步情形。但是，即使心理師一再要求，結果員工們大都只做到預定練習內容的一半。

　　心理師們決定引入回饋系統，以提高院內員工的表現。每週每一組的心理師拿出一張回饋表格，上面的資料包括有：(1)每一技能所需可能的總節數；(2)本組實際已記錄及執行的節數；(3)本組負責記錄及執行這些節數的員工姓名；(4)各組實際記錄及執行節數的百分比及等第。這個資料每週由副院長批閱，並公佈在各組的公佈欄。

　　經引入這一回饋系統後，很快地院內員工完成節數的比率幾乎是 100%（Panyan, Boozer, & Morris, 1970）。

　　上面四個例子顯示，回饋可以各種方式來增進團體中成員的表現。仔細看看這些例子我們可以發現，回饋之所以有效果主要是因為：(1)回饋的後效增進未來成功的可能性，每次個人或團體因超越先前最佳的表現而受到讚賞，這表現就受到強化或增強；(2)回饋是提示或辨別刺激，提醒下次更努力表現。例如研究顯示，個人增進努力表現，是由於看到他人在一特定工作如何傑出表現的結果。團體回饋提供團體中每一成員表現的訊息，可增進回饋的效果。

　　由上面的例子也說明：要使回饋達到最高效果，回饋必須是量化的。若沒有仔細量化測量，就不可能看出細微的進步或團體表現多好。因此，量化的回饋有助於人們將焦點放在他們表現的重要面向。

▲請用你自己的話來說明：

什麼是回饋：＿＿＿＿＿＿＿＿＿＿＿＿＿＿＿＿＿＿＿＿＿＿

＿＿＿＿＿＿＿＿＿＿＿＿＿＿＿＿＿＿＿＿＿＿＿＿＿＿＿＿＿＿

回饋的功用：＿＿＿＿＿＿＿＿＿＿＿＿＿＿＿＿＿＿＿＿＿＿

＿＿＿＿＿＿＿＿＿＿＿＿＿＿＿＿＿＿＿＿＿＿＿＿＿＿＿＿＿＿

如果你說，回饋是提供個人在一工作表現如何的量化資訊，回饋可促使個人進步的表現，那麼你就對了。

▲回饋可以哪兩種方式影響個人的表現？

1.＿＿＿＿＿＿＿＿＿＿＿＿＿＿＿＿＿＿＿＿＿＿＿＿＿＿＿＿

2.＿＿＿＿＿＿＿＿＿＿＿＿＿＿＿＿＿＿＿＿＿＿＿＿＿＿＿＿

如果你說，回饋是增強物可選擇或強化其後續的行為，或回饋是辨別刺激可提示好行為，那麼你就對了。

▲描述一個你曾經看過的回饋事件或情境，或是自己嘗試過的回饋例子：＿＿

＿＿＿＿＿＿＿＿＿＿＿＿＿＿＿＿＿＿＿＿＿＿＿＿＿＿＿＿＿＿

　　結果有效嗎？　是□　否□

▲描述一個你曾經看過可以運用回饋法來改善表現的例子：＿＿＿＿＿＿＿

＿＿＿＿＿＿＿＿＿＿＿＿＿＿＿＿＿＿＿＿＿＿＿＿＿＿＿＿＿＿

運用回饋的基本原則

　　現在你已閱讀回饋法的定義及例子，它似乎是個簡單的方法。然而，回饋法的運用不是一成不變的。目前你已知道回饋是什麼，也知道適當實施回饋法時，它對增進表現的成效。如果你學會某些運用規則，將有助於你設計的回饋方案獲致最佳結果。

▶**原則一：選擇適當且可量化的表現指標**

　　回饋時，如能以量化用語來表示，那麼回饋將會是最有效的。行為表現測量方式有三種，第一種是在一段固定時間內計算行為發生的次數，我們稱之為發生率。

▲用你自己的話，定義行為的發生率。

發生率是測量：_____

_____

如果你說，發生率是在一段固定時間內計算行為發生的次數，那麼你就對了。

　　下列是測量發生率的例子：

● 大毛在學校六個小時內打了同學十二次（六小時發生十二次，或每小時發生兩次）。

● 阿塗在一小時的游泳課游了三十圈（每小時三十圈）。

● 阿芬在四十分鐘一節內讀了三課課文（每四十分鐘一節讀了三課課文）。

● 阿麗在一分鐘的個位數乘法小考，寫了六十八題（每分鐘六十八題）。

　　第二種測量方式，我們稱之為發生百分比，亦即將好行為或不良行為的發生次數除以行為總次數，再乘以一百所得的結果。

▲用你自己的話，敘述如何計算正確行為的發生百分比：_____

_____

　　有時要測量每一個人的行為是不可能的。例如，難以測量在一大職場員工穿戴安全裝備的百分比，或在一城市中駕駛人繫安全帶的百分比。在這些情況下，監工、工作夥伴、或社區志工較能獲得所要的行為樣本。例如，監工能走趟工作職場，記錄員工穿戴及未穿戴安全裝備的百分比。這資訊能以百分比顯示在回饋表上。同樣，每週警察或志工能在該市五個據點觀察，每一據點觀察一百位駕駛人繫安全帶的百分比。

　　例如：

- 上週有 80% 的駕駛人在本十字路口禮讓行人。

- 今天購物中心有 64% 的垃圾投入垃圾箱。

- 小學二年甲班，有 90% 的同學在老師訂的時限內清理完桌面。

　　第三種測量方式稱為行為的持續時間量。我們經常用馬錶或其他的計時器來計算一個行為持續時間量的長短，或一件工作所需花費的時間量。行為的持續時間量乃記錄一行為開始的時間及完成的時間，計算這兩個時間之間的差值。例如：

- 郵差要把當天的信件全部送完所需的時間量。

- 田徑隊員跑四英哩路所需的時間量。

- 龍舟在划船比賽時自開始到抵達終點為止所需的時間量。

　　由以上的說明及例子，你應該可以發現，將行為量化對回饋的技術是多麼的重要。因為唯有將行為量化了，那麼即使細微的進步，也可以很快地看到而予以讚賞或獎勵；而這些細微的進步將會匯集成重大的行為改變。要提供有效的回饋，我們對於每一小進步都必須重視，以期待未來有更大的行為改變。對於測量行為有興趣的讀者，可參閱 Hall 和 Van Houten（1983）。

既然我們已經知道行為數量化的方法，請你用自己的話，分別寫下適合上述
三種測量方法的例子各五則。

測量發生率：

1. _____
2. _____
3. _____
4. _____
5. _____

測量百分比：

1. _____
2. _____
3. _____
4. _____
5. _____

測量持續時間量：

1. _____
2. _____
3. _____
4. _____
5. _____

▶原則二：立即給予回饋

當行為發生時，予以立即的回饋最能達到改變行為的目的。但是，在實際的生活情境中，如一班三、四十位同學的教室裡或一個七、八十人的公司裡，老師或主管無法同時且立即地予以每個人回饋。因此，自我計分就成了既能確保每個人都可得到回饋，又最能把握立即回饋的最好方法了。

自我計分有下列好處：第一，它可以節省老師、教練或主管給予回饋的時間，但每個人都還是可以得到回饋；第二，它確保每個人都可以得到立即的回饋，不會被延宕；第三，它可以激發個人學習自我回饋。這是自我計分常被採用的原因。

在回饋方案運用自我計分法，有幾條簡單的規則必須記住：

1. 確定每個人都已學會如何去記錄自己的行為及計分方法，愈複雜的任務愈需要教導。

2. 計分系統的設計必須清楚易計分，使每位自我記錄者都很容易就可完成。

3. 老師或主管必須每天抽查幾位同學或部屬的記錄情形，以確保他們記錄的正確性。

運用自我計分的例子如下。

在學校

吳老師在個別化數學計畫中，讓學生每寫完一個練習後，就自己到教室前面的批改桌以答案卡來計分。只要學生的習題答對率達到要求，學生自己就可以再進行下一個練習題；同時寫完後，自己計分。如此周而復始，最後可看當天學生完成了幾個練習。吳老師每天以抽查的方式檢驗學生計分及記錄的情形。

在家中

柯先生家規定每位小孩都必須幫忙家事。每天，每位孩子都必須勾填一

個列有保持家裡整潔必需的工作項目表。在這個工作項目表上的每一個工作項目都有不同的點數，這個點數是根據該工作項目與整個工作量的比率計算出來的；工作愈繁重，則點數愈高。每位孩子在做完家事後，分別將其已完成的工作項目勾選起來，並計算自己的點數。然後，在次日的早餐時間，由家中的一家之主——老爸，逐一過目每位孩子的工作情形，並且偶爾檢查一下房子，以確定孩子們記錄的正確性。

在大學田徑隊

龔教練教長跑隊的選手們在每天練跑後記錄當天的一些表現，包括：出席練習情形、當天共跑了多少英哩、在疏於練習前所需的時間、及練習後較佳表現的時間等。然後，教練不定期抽查選手出席練習的情形，同時抽測選手練跑的哩數，以及計算他們練跑所花的時間。然後，教練查看選手們的紀錄，抽查選手們記錄的確實性。

在職場

公司裡的秘書們，每天在打完一份文件後，即在一張可劃記的表格上記下剛剛共打了幾頁的文件、是誰交給他打的等資料。然後，在每天下班前，再將這些劃記統計出來，轉記到個人每月的統計表上。公司的主管則任選幾天抽查秘書們劃記的情形，以了解他們自我記錄的正確性。

由上面的例子可知，如果表格設計得當的話，那麼自我計分就更具有效率。

下面是另外兩個例子，可以減少自我計分者花太多精神在計分上，但卻可以增加自我計分的正確性。

對於朗讀速度

謝老師教學生英文朗讀的及格標準是每分鐘大聲地唸一百五十個字，同時不可有多於六個字的錯誤。每位學生在訓練時間裡都是由課文的第一個字唸起，然後在時間限制的最後一秒鐘停止。訓練過程進行得很順利，學生也進步得很快，但是謝老師最頭大的是每次她和學生都要花很多時間去算到底他們唸了多少字。後來，謝老師在課文每行的最右邊註記了一個字數，那是

每行由第一個字算起的累積字數。如此,對學生而言,每次朗讀完畢,很快地就可以算出自己每分鐘到底讀了多少字。

對印刷體評分

　　李老師要學生評分他們自己印刷體作業;但是,學生沒有正確地使用評分單。為增進學生評分的正確性,李老師發拼寫正確與不正確的習作單供學生練習。接著,學生必須將習作單上第一行拼寫不正確的例子圈出來。當學生完成第一行訂正,李老師用投影機將第一行投影在銀幕上,圈出拼寫不正確的字並說明為什麼拼寫不正確。這樣的訂正法在習作單後續各行一再重複,直到學生能一致地評分拼寫的正確性為止。

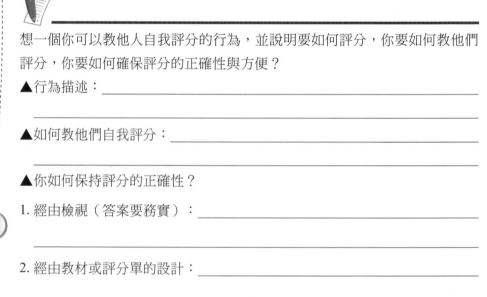

想一個你可以教他人自我評分的行為,並說明要如何評分,你要如何教他們評分,你要如何確保評分的正確性與方便?

▲行為描述:_____
_____

▲如何教他們自我評分:_____
_____

▲你如何保持評分的正確性?

1. 經由檢視(答案要務實):_____
_____

2. 經由教材或評分單的設計:_____
_____

 練習一：使用自我評分改變你自己的一項行為

1. 選擇一項你想改變的行為。

2. 定義該行為，以便你能正確地檢視該行為。

3. 隨身攜帶一本適合放在口袋或錢包的小筆記本；每當你檢視自己有該行為，
   即予以劃記記錄。

4. 在每天結束時，當天自己有該行為共計多少次。

5. 就每天該行為的次數製作圖表。

6. 經常與親密朋友或親人分享你的行為結果。

7. 注意該行為的頻率是否改變。

▶ **原則三：經常給予回饋**

　　當提供的回饋愈多，則人們學習的速度愈快。一旦這個行為已學會且表現良好，則回饋的次數可以減少。

　　例如，當一個想要建立的行為剛出現時，則必須每次都一定予以回饋；俟該行為建立了後，才可以減少到每天回饋一次；最後，再減少到一星期一次或一個月一次的回饋。原則是請在行為已達到所欲達到的標準後，逐漸地減少回饋次數；不可一下子驟降回饋次數，否則已建立的行為水準可能會因此而退步。

　　另一個減少回饋的方式是：開始建立行為時，每天給予團體成員中的每一個人回饋；一旦形成行為後，則只給幾位隨機抽出的成員回饋。例如，當班上的同學都已經達到所欲的行為表現後，老師只需給班上半數的同學回饋，這半數可用隨機抽選座號的方式選出。經過一段時間之後，老師只需給班上四分之一的同學回饋。然後，給予回饋的同學比率再逐漸降低，直至每天只抽選一位同學予以回饋為止。

▲當所欲的行為已經建立完成，有哪兩種減低回饋次數的方法？

第一種是：_____

_____

第二種是：_____

_____

_____

▶原則四：給予正向回饋

　　正向回饋是指在給予回饋時，著重於已經有進步的行為，暫時忽略做不到的行為。要給予正向回饋而非負向回饋的理由有三：第一，正向回饋會使被回饋者感受到自己的好，同時對「給予回饋者」也有好感；相反的，如果是負向回饋，則會對「給予回饋者」產生敵意。第二，由研究指出，多數人喜愛正向回饋的程度大於負向回饋。因此，方案大多基於正向回饋設計。第三，負向回饋常會使那些正在努力改進自己的人產生挫敗感。沒有什麼比成功更能令人繼續努力，沒有什麼比失敗更能令人衰退放棄。

　　要使回饋是正向的，則可以強調那些已經有進展的部分及予以豐富的讚賞。對正確表現的正向回饋：可以告訴學生在規定的時間內，他已經增加了多少做對的題數；對不正確表現的正向回饋：可以告訴學生，在規定的時間內，他已經減少了多少答錯的題數。通常，僅提供增加正確表現的回饋，即可減少錯誤的表現；然而，偶爾提供錯誤表現減少的回饋也是必需的。

　　另外一種減少錯誤發生的方法是，在學生下次要做某行為之前，先給他們一個正確行為的示範或遵循模式，這個方法稱為矯正式回饋。提供正確反應的某一方面示範是屬回饋；因為，提供的協助類型取決於個體先前的錯誤類型。

▲說明可以減少錯誤的三種回饋方式：

1. _____

2. _____

3. _____

讚賞的重要

　　走廊違規行為是青少年的共同問題。葛先生，一所中學校長，關心違規行為出現在班級間走廊。對較嚴重的行為施以放學後留校及停止上學的處罰，仍無法有效遏止這行為。為處理這個問題，葛校長和教師們開始檢視違規行為，例如，在走廊奔跑、口語攻擊、肢體攻擊等。接著，他們在走廊公開張貼違規行為嚴重程度的標誌。雖然，這些標誌可減少違規行為，教師們並不完全滿意改善的程度。其次，校長用圖表方式指出並讚賞學生改善的情形，做評論例如：「很好，你改進了 10%！」增加了讚賞和鼓勵，使違規行為進一步減少到較可接受的程度（Staub, 1990）。

　　有效的回饋必須是經常給予讚賞。但是要使讚賞產生好結果，則須伴隨著有效的態度。

　　因此，在傳達讚賞訊息時，必須注意下列幾項原則：

1. 讚賞應該永遠在行為一改進後馬上給予。

2. 必須說明為什麼要給予讚賞，如：

- 小珠今天很用功，已經唸了三篇課文了。

- 真好！你今天已經比昨天多解了三道數學習題了。

- 珊珊，做得很好，現金和收銀機紀錄只有三塊錢出入。這是妳有始以來最好的一天了。

3. 以微笑且愉悅的聲調說出讚賞的話語，甚或偶爾拍拍對方的肩膀也會產生意想不到的效果。

練習表達讚賞

選擇一個你想改變的行為；當行為改變時，以上面三個原則對自己說出讚賞的話。如果你多練習幾次，那麼在真實的社交場合中你就比較容易表達出你對別人的讚賞。必須注意的是，你要經常檢查自己是否仍依上述三個原則在給予讚賞。

▶原則五：給予特定的回饋

當我們只對已經有進步的行為表現予以回饋時，我們稱為特定的回饋。它和一般性回饋的不同點在於：特定的回饋特別強調個人進步的行為，而非一絕對的固定的表現標準。同時，它鼓勵個人和自己競爭，而非和別人競爭。自我競爭是導致進步的最佳原動力，因為每個人可以很容易超越自己的最佳成績，卻不易去超越其他已經有很高成績的人。一般而言，任何一種工作或學業成績，在比較之下，最多只會有幾位前幾名；如果每個人被要求一定要打敗前幾名才算成功的話，那麼挫敗的機率比成功的機率大多了；這種挫折對那些正在努力向上的人來說，實在是太不公平了，同時可能因此而削弱了他們的努力意願。相反的，如果每個人能向自己舊有的成績挑戰，成功的機率則大得太多了，這種成功會確保個人繼續努力下去的動機。

另外一個鼓勵自我競爭的原因是：個人每天獲得成功經驗的次數愈多愈好。如果我們將成功定義在獲得全班第一名或比別人好，則我們可想而知，第一名的機會畢竟有限，則每個人得到成功的經驗次數將會被限制；相對的，如果以自我競爭為原則，則每天成功的經驗次數將可提高很多。

▲為什麼以自我競爭為目標優於爭第一名的目標？＿＿＿＿＿＿＿＿＿

＿＿＿＿＿＿＿＿＿＿＿＿＿＿＿＿＿＿＿＿＿＿＿＿＿＿＿＿＿＿＿

如果你說因為自我競爭給每個人平等的成功機會，那你就對了。

　　那麼，如何給予特定的回饋呢？第一，當個人超越了他最佳的日紀錄時，予以特定回饋；第二，當個人超越了他最佳的週紀錄或月紀錄時，給予回饋。這種回饋方式可以提供給個人同時超越短程及長程的兩個目標。此外，當個人的成績已經到了極限時，比如已經 100%或完全達成任務時，則可以用有幾次 100%的表現或幾次 100%達成任務等方式給予特定回饋。

　　下面是運用特定回饋的一些例子。

　　阿正的博士論文研究資料已經收集完成，但是卻一直遲遲無法把這些資料統整後寫出博士論文來，結果這麼一拖就是幾年的時間，眼見最後的期限已經日漸逼進，阿正不由得焦急起來。後來，阿正在一篇報導中看到即使是專業作家也很難以規律的方法來完成他們的作品，而是常以回饋的方法來幫助他們自己完成作品。阿正也決心試一試回饋的方法來幫助他自己寫博士論文。每天，他記下他寫論文的頁數，同時也記錄他最佳的日紀錄及週紀錄。後來，他把這些紀錄畫成圖表，就可對他寫論文的進展情形一目了然。結果，他發現自己花愈來愈多的時間在寫論文，以致忽視家人了。於是，阿正亦用同樣的方法記錄自己和家人相處的時間量，給自己回饋，平衡寫論文和家人相處的時間。最後，阿正終於在期限內完成博士論文，也沒有因此造成婚姻問題。

　　一位心理學家在治療一位患有懼高症的女孩子。治療計畫中的一部分是訓練她爬屋外的逃生梯。每次患者都被要求在不會太害怕的情形下盡可能地往上爬，當她下來以後，心理學家則馬上告訴她今天爬了幾階梯子，以及她是否打破了她原有的紀錄。如此幾次以後，她終於可以毫不懼怕地爬到逃生梯頂了（Leitenburg & Callahan, 1973）。

一家大百貨公司的銷售主管對最近的銷售業務感到失望；為了增加業績，她決定以回饋方式讓每位售貨員知道自己的當天售貨量及當週售貨量。另外，她針對每位售貨員的當天售貨量及當週售貨量提供增強回饋。結果，銷售業績直線上升。

學校一年級學童的閱讀程度普遍不佳。針對這問題，校長請六年級同學每天花半小時個別教導一年級閱讀成績低落的學童；但是，這招似乎不怎麼奏效。對此，校長指導六年級的小老師注意一年級學童唸得正確與否。如果一年級學童每唸對一行就給予一綠色代幣；如果唸錯，就給予一紅色代幣。然後，在每天的練習結束時，統計每人手上的綠色及紅色代幣，並畫成長條圖。如果一年級學童能夠比以前多唸幾行，或錯誤減少了，則會告訴他進步情形及他自己創新的紀錄。如此經過幾週後，校長發現一年級學童的閱讀程度有顯著的進步（Willis, 1974）。

▶原則六：給予團體回饋

若是適當，針對團體表現給予回饋，是提供回饋的另一方式。這有利於建立團隊精神。團體回饋的方式與個人回饋大致相同。例如，我們針對整個團體每日、每週、每月的表現予以回饋。另外，同時也統計每日、每週、每月等的團體最佳成績，看是否突破他們最佳的團體成績紀錄。

團體成績可以用下列幾種方式計算。若數目不大，可以總數表示團體的成績，例如，汽車銷售部門每天、每週、每月的汽車銷售量，把全部銷售員的單位銷售量加總即可。同理，在學校裡數學個別教學方案的班級團體成績，每天將班上每位學生的數學成績加起來即是當天的團體成績，再將該週每天的團體成績加總即是該週班級團體成績。

另外一種方式是以團體的平均數代表團體的成績表現。例如，游泳校隊的教練想讓隊員知道他們整個團體的表現如何，則將全隊當天每人練習的圈數加總起來後，除以出席練習的人數，得到游泳隊當天的平均練習圈數。將此一平均數回饋給隊員知道，亦可激勵隊員再努力。

甚至可以提供全社區、全州、全國回饋，例如，整個社區共同努力改善社區的最佳表現。如同其他回饋方案，人們獲得的最佳結果是用來說服大家

繼續改變的，不一定是最理想的行為表現。例如繫汽車安全帶，大多數人認同應該繫汽車安全帶；但有人偶爾不如此做，有其各種不同的理由。這種信念與行動間缺乏連貫性、一致性是常見的。

不論如何，重要的是團體回饋需強調團體進步的行為。鼓勵團體與自己競爭，而非與其他團體比較。鼓勵團隊成員為增加團隊分數努力，以超越團隊已有的紀錄。當團體成員為團體進步的共同目標努力，這團體就是一個團隊。團隊精神由提供團體回饋而激發，這是為什麼要以激發團體成員的表現為目標而經常團體回饋的最重要原因。但是，應該強調的是，團隊回饋乃提供與自己競爭而非與其他團體競爭的回饋。

▲在一個數學個別教學方案裡，你如何以團體回饋及自我計分的方式引發學生儘量做完數學習題？ _____

_____

練習二：使用團體回饋

▲想想一團體行為，你將如何改進它？你將如何測量它的表現？接著，你將如何提供立即回饋？將預計花多少天提供回饋改善它？

你選擇了什麼行為？ _____

你將如何測量這行為？ _____

_____

為什麼？ _____

你是否提供立即回饋，教每個人自我計分或自我記錄他們自己的行為？

是 □　否 □

如果沒有，為什麼沒有？ _____

你有多少類型的回饋可提供改善行為？ _____

_____

▶原則七：運用公開的圖表

這是目前為止最重要的一項規則，因為這項規則在提醒要遵守前面所提的多項規則。當我們公佈及檢討行為表現時，可提醒有關的人指出並稱讚個人及團體的表現。另一理由是，運用公開的圖表可以激發許多的同儕互動，以提示及增強好的表現。它也可以提供社會常模，讓個人與他人的表現做比較。因此，只要使用到回饋法，則一定會用到公開的圖表。

選擇適當的圖表

圖表的種類有許多種，至於選擇哪一種圖表，取決於擬改變行為的種類、團體的人數、擬改變行為的特徵等條件。不論選用何種圖表，最重要的是必須在一距離內能一目了然。

簡單的圖表應包含下列資料：團體成員的姓名、每位成員最近的成績、每位成員至目前為止的最佳成績、整個團體最近的總成績、整個團體至目前為止的最佳總成績等資料。表A即為一例，這類型圖表的優點是可以容納眾多的團體成員數。除此之外，適用這類型圖表的行為包括有：每天練習游泳的圈數及花了多少時間練習、在時間限制內簡單數學題的答對數、每週英文小考拼對生字的題數、在家中表現出有禮貌行為的次數、在家中唸書的時間量、在公司每天打字的頁數、以及立即回電話的百分比等。

如果分數不是很大，或者是行為目標會很快地達到，那麼圖表的設計上不妨稍作變更，除了原來的每日成績外，個人可增列每週或每月的總成績及最佳成績等欄；相同地，團體除了每週或每月的平均成績或總成績外，也可包含每週或每月最佳成績等欄。這種擴充的圖表可以提供個人或團體達到多重目標的機會；即使個人輕易地在一天內就達到「日目標」，他仍然會促使自己再努力地去達成「週目標」或「月目標」；相同地，整個團體成員即使已達到「日目標」，他們仍然會努力追求達到「週（月）目標」。因此，對容易達到上限的目標，這種擴充的圖表是值得一試的。

表 A

姓名	每日成績	最佳成績
合計		

　　另外，如果計分的分數非常微小；為顯示其進展，不妨以每週或每月的累計分數來表示，以使其本來每日不明顯的進步，經由累計的方式而看出其進步了。

　　表 B 就是這樣的例子，這張樣本圖表有記錄個人連續五天表現的欄位。如果教師使用這張圖表公佈課業表現，一個星期連續記錄五天。因此，假日或颱風假不會打亂這張圖表。若全班為一團隊，可記錄破每日和每週最高紀錄者，在加團隊總分時也可將生病請假的學生在最後一天來上課的成績列入。另外，如果某一職員每工作三天一輪班，這張圖表就必須相應地修改。

　　適合表 B 的行為包含有：汽車銷售量、每天故事理解題的答對數、工廠工人準時上班的天數等（公佈上班狀況的紀錄，有助於提供連續上班無缺席日數的訊息回饋）。記錄個人每日上班與否的情形，有助於追蹤出缺勤狀況相當長一段時間。

表 B

姓名	第一天	第二天	第三天	第四天	第五天	最佳日成績	最佳週成績
合計							

　　有另一類型圖表包括整個期間內所有表現資訊。這類型圖表最適用於在整段期間較少提供回饋，譬如幾個月。表 C 是這種圖表的例子。這張圖表能提供高中某班每週在自然科學測驗成績表現的回饋。如果成績超越了最佳紀錄，則以不同顏色的筆登錄，以提供進步的回饋。如果成績未超過以前最佳紀錄，則以黑筆登錄；如果成績超越了最佳紀錄，則以紅筆登錄。因為每週測驗只有二十題，很多人在好幾次週考得滿分；因此，所有考滿分的都用紅筆登錄。

　　表 C 也提供全班或小組總分或總平均一欄。全班總分或總平均宜以黑筆登錄；除非他們超出所有早先的分數，才用另一種顏色的筆登錄。使用上述任何圖表，重要的是要常檢討圖表上的成績，指出和稱讚所有的進步。

表 C

姓名	測驗一	測驗二	測驗三	測驗四	測驗五	測驗六	測驗七	測驗八	測驗九	測驗十	測驗十一	測驗十二	測驗十三	測驗十四	測驗十五	測驗十六
全班合計																

另一類型圖表針對特定人口的特殊行為百分比提供回饋。這類型圖表的使用，是你為一群身分未知或保密但具同一特殊行為的大眾張貼的。這類圖表的例子，可用來公告一城市繫安全帶駕駛者的百分比如表 D（這是高速公路的大標誌）。這標誌數字每週更新；這類型圖表也可用於公告未超速司機的百分比和使用方向燈司機的百分比。這類型圖表也可能在自助餐廳公告，提供顧客選擇健康主菜百分比的回饋（也可標記在菜單上）。

表 D

本市繫安全帶者	
上週紀錄	90%
最高紀錄	91%

1. 適用 A 類型圖表的行為有：＿＿＿＿＿＿＿＿＿＿＿＿＿＿＿＿＿＿＿

＿＿＿＿＿＿＿＿＿＿＿＿＿＿＿＿＿＿＿＿＿＿＿＿＿＿＿＿＿＿＿＿

為什麼？＿＿＿＿＿＿＿＿＿＿＿＿＿＿＿＿＿＿＿＿＿＿＿＿＿＿＿

2. 適用 B 類型圖表的行為有：＿＿＿＿＿＿＿＿＿＿＿＿＿＿＿＿＿＿＿

＿＿＿＿＿＿＿＿＿＿＿＿＿＿＿＿＿＿＿＿＿＿＿＿＿＿＿＿＿＿＿＿

為什麼？＿＿＿＿＿＿＿＿＿＿＿＿＿＿＿＿＿＿＿＿＿＿＿＿＿＿＿

3. 適用 C 類型圖表的行為有： _____

_____

為什麼？ _____

4. 適用 D 類型圖表的行為有： _____

_____

為什麼？ _____

▲想出兩種擬改變的不同行為，並分別選擇適用的圖表類型。

1. 第一個擬改變的行為是： _____

合適的圖表是： _____

2. 第二個擬改變的行為是： _____

合適的圖表是： _____

如何製作圖表

　　選擇了要公佈表現的圖表類型後，下一步驟是製作圖表。製作圖表重要的是要使圖表儘量放大。如果圖表要放在教室裡面，那麼圖表要大到從教室的任何一個角落都可以看清楚。如果圖表是要放在辦公室或會議室裡面，那麼也要使圖表大到會議室裡的任何一個人都可看到。一般而言，姓名和數字的尺寸是大約三公分高。

　　製作圖表的方法之一，用油漆或膠帶在可移動的黑板標記線條。用粉筆填寫分數便於擦掉。製作圖表另一變通實用的方法是在佈告欄製作圖表，佈告欄上貼醋酸纖維紙，整捲醋酸纖維紙可依佈告欄的大小剪裁。佈告欄上的醋酸纖維紙邊緣可用透明膠帶銜接西卡紙；這張圖表的優點是，可用油彩筆或水性筆填寫分數且便於擦掉。不過，若用油性筆填寫分數則可以溶劑擦掉。

　　如果希望用耐久的圖表，可以用木螺絲將西卡紙夾在合板和塑膠玻璃板之間。但是，製作耐久的圖表不是都必須如此〔更多製作耐久圖表的資訊請參閱 Carroll（1977）的書籍〕。

87

　　如果圖表是在社區張貼，字的大小必須足夠使人看得見。如果標誌是給駕駛人看的，字的大小要考慮車輛的速度。最好請教運輸工程師應該使用多大的字，並且獲得同意裝置標誌。

▶原則八：圖示結果

　　把個人成績或整個班級團隊的表現圖示，可提供老師或主管資訊，了解方案的進步情形。在引進一回饋系統之前，先測量平時表現是明智的。這一實驗前的測量資料，可供與實驗處理資料對照比較。若缺少了這一實驗前的資料，就無法確知方案是否有效。一系列的實驗前資料稱為基準線；在進入實驗處理之前，要先測量基準線的行為一段時間。

▲基準線是：＿＿＿＿＿＿＿＿＿＿＿＿＿＿＿＿＿＿＿＿＿＿＿＿
＿＿＿＿＿＿＿＿＿＿＿＿＿＿＿＿＿＿＿＿＿＿＿＿＿＿＿＿＿＿

　　作圖的第一步，要先畫出 X 軸和 Y 軸。X 軸是水平軸，顯示整個方案的時間點；Y 軸是垂直軸，顯示行為發生的次數。下面的圖表示某一位學生每節答對乘法習題的題數（在運用回饋之前和之後）。第二步畫資料點，先找出該節數在 X 軸的位置，然後在該節數上找出對應 Y 軸的行為次數的位置，兩數交叉所在的點稱資料點。例如，在第一節該行為發生了二十次，資料點畫在與 X 軸第一節交叉 Y 軸二十次處。X 軸上前六節屬基準線的節數，因為這些節數未實施回饋法。對照基準線資料，可看出是否因回饋法的介入導致行為表現的立即改善。

　　圖示結果的另一原因是可提供個人回饋。通常，每日提供個人圖示結果，有助於他們看到自己的進步。教導個人作圖以記錄自己的進步情形，研究顯示：當人們記錄自己的行為表現，他們會喜歡改變；也因此，就改變了自己的行為。

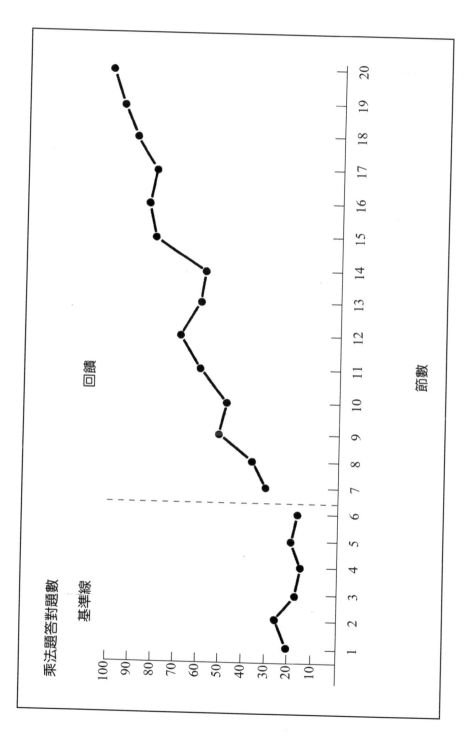

▶原則九：鼓勵評論行為表現

　　鼓勵團體成員評論整個團體或成員的行為表現，是增進回饋成效的另一個規則。通常，以圖示公佈成績，大家圍觀時，提供了評論自己及其他人的行為表現的機會。研究指出，這樣彼此評論的內容大都是正向的，對促進行為表現有很大的助益。因此，教師、主管、或父母應多多鼓勵對於行為表現的正向評論。

　　增加正向評論的方式之一是當成員圍觀圖表時，鼓勵成員指出並讚美進步的地方，如此有助於團體成員間彼此互相正向評論。另一種方式是指定隊長或班長帶頭，由他們來引發班上或隊上的評論；例如，游泳校隊的隊長及副隊長帶頭評論游泳表現，或指定班長帶頭評論成績表現等。這時公佈的圖表即是引發評論的焦點。

　　由於圖表扮演引發彼此正向互動的角色，因此必須掛在大家都可以經常看到的地方；如此，這種正向的回饋才會一直持續下去。

▲描述兩種可以增加成員對行為評論的方法：

1.＿＿＿＿＿＿＿＿＿＿＿＿＿＿＿＿＿＿＿＿＿＿＿＿＿＿＿＿＿＿＿＿

2.＿＿＿＿＿＿＿＿＿＿＿＿＿＿＿＿＿＿＿＿＿＿＿＿＿＿＿＿＿＿＿＿

▶原則十：必要時提供額外的獎賞

　　在本篇前面所提到的規則，應該可以達成回饋技術的效果。但是，你偶爾或許發現仍必須再提供一些額外的獎賞，才會產生預期的改變。

　　當孩子的行為表現超過原來的最佳成績時，不妨給他一個小禮物或一個特權；或當全班同心協力地打破了全班最佳紀錄時，此時獎品要給全班每一位小朋友；例如，一袋大家都可以玩的玩具、講一個生動的童話故事、或允

許他們做他們喜歡做的事等。對大孩子，如果他超越了原先的最佳紀錄，不妨給他四分鐘自由活動時間；如果全班超越了全班最佳紀錄時，可以再另外加六分鐘自由活動時間。另外兩個可能的獎勵是讓他們玩團體遊戲、拼圖、聽音樂等；或由校長或老師寫親筆信給家長，告訴家長他的進步表現。若是運動方案，當學生進步了，給他一個可以別在胸前的徽章以表榮譽。如果全隊齊力達到預定的目標水準時，則發給全隊成員每人一件襯衫或運動衫。

　　如果是對成人，那麼當他達到預定的行為目標時，不妨可以提供他一點小獎金、額外的休假、或額外的下午茶時間等。不論年齡大小，徽章或其他顯示他們成就的增強方法，常是惠而不費，不應忽略。

　　相對的，當我們運用獎賞作為改變行為的手段時，也必須知道如何褫除獎賞而不影響行為表現。第一種方法是逐漸減少額外獎勵的量，例如，本來有兩天的休假，逐漸減為一天的休假；本來有二十分鐘的自由活動時間，逐漸減為十五分鐘等。第二種方法是逐漸減低給予獎賞的頻率，例如，本來是每次達到預定的目標行為時都予以獎賞；當行為建立穩定後，則逐漸改變為累積兩次達到目標行為後才給予獎賞；俟他們已經習慣這個標準後，則再慢慢改成累積三次的目標達成後才予以獎賞，如此慢慢地減少獎賞的次數。第三種方法是類似抽籤中獎的方式，當學生達到目標行為時，他會收到一張彩票，累積一段時間後，全班同學抽獎，只有中獎的同學才得到獎賞；在開始時中獎率較高，為削弱獎賞的影響力則逐漸減低中獎率。

▲何時應該提供額外的獎賞？_____

_____

▲就下列各年齡組，分別列舉可增進表現的但惠而不費的額外獎賞各五例。

幼兒（三至六歲）

1. _____

2. _____

3. _____

4. _____

5. _____

兒童（七至十二歲）

1. _____

2. _____

3. _____

4. _____

5. _____

青少年

1. _____

2. _____

3. _____

4. _____

5. _____

成人

1. _____

2. _____

3. _____

4. _____

5. _____

▲在上述你的舉例中選一特定的額外獎賞，描述能逐漸將它褪除的三種方式：

1. ＿＿＿＿＿＿＿＿＿＿＿＿＿＿＿＿＿＿＿＿＿＿＿＿＿＿＿＿

2. ＿＿＿＿＿＿＿＿＿＿＿＿＿＿＿＿＿＿＿＿＿＿＿＿＿＿＿＿

3. ＿＿＿＿＿＿＿＿＿＿＿＿＿＿＿＿＿＿＿＿＿＿＿＿＿＿＿＿

▶**原則十一：選擇簡短的工作時段**

　　影響工作成果的另一因素是：當人必須在短時間內完成工作時，他會以較快的速度工作；通常，給一個人的工作時間愈長，則他工作的速度愈慢。但是，較短的工作時距可有較多的休息作為回饋。當大多數人知道他們的表現很快就會獲得回饋，他們就較不會延遲耽擱工作。

　　例如，與其給班上學生一個完整的數學時段，去完成好幾個單元的數學習作；不如將這一長時距分成幾個短時距，而這短時距足以完成一單元數學習作。在每一短時距結束時，學生可自我評分他們自己的表現。

練習三：追蹤方案

當你運用回饋法改變行為後的兩個星期或更久之後，你可以用這個追蹤表格來收集資料，以便提供你回饋行為改變計畫的實施效果。

1. 你擬改變的行為？＿＿＿＿＿＿＿＿＿＿＿＿＿＿＿＿＿＿
　＿＿＿＿＿＿＿＿＿＿＿＿＿＿＿＿＿＿＿＿＿＿＿＿＿＿

2. 你如何定義這行為？＿＿＿＿＿＿＿＿＿＿＿＿＿＿＿＿＿
　＿＿＿＿＿＿＿＿＿＿＿＿＿＿＿＿＿＿＿＿＿＿＿＿＿＿

3. 你決定如何測量這個行為？＿＿＿＿＿＿＿＿＿＿＿＿＿＿
　＿＿＿＿＿＿＿＿＿＿＿＿＿＿＿＿＿＿＿＿＿＿＿＿＿＿

4. 你是否要他們對自己的工作評分，以提供立即回饋？（如果你決定做社區回饋方案，則跳過本題）　是 □　否 □

如果不是，你是如何提供立即回饋？_____
_____

5. 你多久提供回饋一次？每____（天、星期、月）提供____次。

6. 列出你曾經對哪些方面的表現提供回饋？

　　(1)_____

　　(2)_____

　　(3)_____

　　(4)_____

　　(5)_____

　　(6)_____

7. 採用正向回饋嗎？　是□　否□

8. 人們對被回饋的反應如何？_____
_____

9. 你經常提供讚賞嗎？　是□　否□

　　如果是，何時提供？_____

　　人們對被讚賞的反應如何？_____
_____

10. 你使用了哪一類型的圖表？（請大略畫出這一回饋的圖表。）

11. 為什麼你用這一類型的圖表？_____

_____

12. 你如何製作這一圖表？_____

_____

13. 你如何使用這一圖表？_____

你什麼時候更新圖表的成績？_____

_____

14. 你曾觀察個人評論他們自己的行為表現嗎？　是□　否□

如果是，請你列舉一些你常聽到的評論：_____

_____

15. 你是否曾運用回饋法增加或減少擬改變的行為嗎？　是□　否□

16. 在實施改變行為的方案時，你是否曾遇到任何不尋常的問題？

是□　否□

如果是，你是否解決那些問題？　是□　否□

如果是，你是如何解決的？_____

_____

17. 請張貼你的方案結果之圖示，要顯示基準線及使用回饋法後的表現。

結語

　　本篇在說明如何運用回饋法改進行為表現，本篇所舉的例子都是經由回饋法而改變的不同行為，還有更多的行為可經由回饋技術而改變。但是最重要的，不要忘記依循本篇所提供的原則運用回饋法，才能有效。因此，在規劃回饋方案時，要確實檢討是否依循本篇的每一原則。

參考文獻與延伸閱讀

Bryant-Armstrong, S., McNeil, M. E., & Van Houten, R. (1988). A principal's inservice training package for increasing teacher praise. *Teacher Education and Special Education, 11,* 79–94.

Carroll, P. J. (1977). A durable recording and feedback system. *Journal of Applied Behavior Analysis, 10,* 339–340.

Hall, R. V., & Hall, M. L. (1998). *How to use systematic attention and approval.* Austin, TX: PRO-ED.

Hall, R. V., & Van Houten, R. (1983). *Managing behavior: Volume 1. The measurement of behavior.* Austin, TX: PRO-ED.

Jackson, N. C., & Mathews, R. M. (1995). Using public posting to increase contributions to a multipurpose senior center. *Journal of Applied Behavior Analysis, 28,* 449–455.

Jones, D. B., & Van Houten, R. (1985). The use of daily quizzes and public posting to decrease the disruptive behavior of secondary school students. *Education and Treatment of Children, 8,* 91–106.

Leitenburg, H., & Callahan, E. J. (1973). Reinforced practice and reduction of different kinds of fears in adults and children. *Behaviour Research and Therapy, 11,* 19–30.

Malenfant, L., & Van Houten, R. (1989). Increasing the percentage of drivers yielding to pedestrians in three Canadian cities with a multifaceted safety program. *Health Education Research, 5,* 274–279.

Malenfant, L., Wells, J. K., Van Houten, R., & Williams, A. F. (1996). The use of feedback to increase observed daytime seat belt use in two cities in North Carolina. *Accident Analysis and Prevention, 28,* 771–777.

McKenzie, T. L., & Rushall, B. S. (1974). Effects of self-recording on attendance and performance in a competitive swimming training environment. *Journal of Applied Behavior Analysis, 7,* 199–206.

Panyan, M., Boozer, H., & Morris, N. (1970). Feedback to attendants as a reinforcer for applying operant techniques. *Journal of Applied Behavior Analysis, 3,* 1–4.

Staub, R. W. (1990). The effects of publicly posted feedback on middle school students' disruptive hallway behavior. *Education and Treatment of Children, 13,* 249–257.

Stock, L. Z., & Milan, M. (1993). Improving dietary practices of elderly individuals: the power of prompting, feedback, and social reinforcement. *Journal of Applied Behavior Analysis, 26,* 379–387.

Van Houten, R. (1980). *Learning through feedback.* New York: Human Sciences Press.

Van Houten, R., Hill, S., & Parsons, M. (1980). An analysis of a performance feedback system: The effects of timing and feedback, public posting, and praise upon academic performance and peer interaction. *Journal of Applied Behavior Analysis, 8,* 449–457.

Van Houten, R., Malenfant, L., & Rolider, A. (1985). Increasing driver yielding and pedestrian signalling through the use of feedback, prompting and enforcement procedures. *Journal of Applied Behavior Analysis, 18,* 103–115.

Van Houten, R., Morrison, E., Jarvis, R., & McDonald, M. (1974). The effects of explicit timing and feedback on compositional response rate in elementary school children. *Journal of Applied Behavior Analysis, 7*, 547–555.

Van Houten, R., & Nau, P. A. (1983). Feedback interventions and driving speed: A parametric and comparative analysis. *Journal of Applied Behavior Analysis, 16*, 253–281.

Van Houten, R., Nau, P., & Marini, Z. (1980). An analysis of public posting in reducing speeding behavior on an urban highway. *Journal of Applied Behavior Analysis, 13*, 383–395.

Whyte, B., Van Houten, R., & Hunter, W. (1983). The effects of posting on teachers' performance of supervision duties. *Education and Treatment of Children, 6*, 21–28.

Willis, J. (1974). Effects of systematic feedback and self-charting on a remedial tutorial program in reading. *The Journal of Experimental Education, 42*, 83–85.

如何運用團體的動力？

——團體增強策略的應用

S. Axelrod◎著
邱曉敏◎譯

引言

　　人類是社會性的動物。人們通常與他人一起生活、工作和娛樂。當聽到他人稱讚自己，個人會覺得很開心；當聽到奚落和嘲笑時，則會感到不安或沮喪。

　　個人在很多方面會被他人的行為所影響。例如，當所處環境中的人們都抱有對自然環境的責任感，那麼每個人都會呼吸到乾淨的空氣。反之，如果許多工廠隨意排放廢氣，那麼所有的人都會遭殃——不僅僅包括那些製造污染的人。同樣地，一個人駕車是否能夠安全地抵達目的地，不單單是由他如何開車決定的，而且與路上其他駕駛如何開車有關。

　　人類社會常將人們歸類，而給予不同的待遇。例如，汽車保險公司不僅根據個人的駕駛紀錄，還根據其年齡和居住的社區來設定收費標準；公司有時候會因總體的生產力提高而獎勵員工；教師經常會因為全班學生完成功課而給予學生自由閱讀的獎勵，或者乾脆提早下課讓學生去遊戲。

什麼是團體增強策略？

　　本書所舉的許多範例都涉及個人的行為變化。行為改變的目標可能是使孩子上學更準時、使員工工作更有效率，或者個人在社會互動中更考慮周全。但在某些情況下，我們更想使整個班級的學生都能按時完成功課，或者整個工廠的工人減少怠工，或者整個公寓的房客減少能源浪費。在這些情景中，使用「團體增強策略」會有幫助。這個策略的基本原理是：團體中成員的行為後果，至少部分依賴於其他成員的行為。嚴格來說，行為後果可以是獎勵性的，也可以是懲罰性的。然而本篇的重點，包括本書其他部分，著重的是行為的正面增強和提高。

學校環境

　　這是闞老師教書的第三個年頭，第一次教四年級時她充滿期待。她高興地發現班上沒有一個特別搗亂的學生，但是有幾個學生繳作業不準時。她把這些學生聚在一起，也進行了個別談話，甚至她還給其中幾位的父母打過電話。這些措施只是暫時改善了情況，但一個星期之後，問題重新浮現。有時候，這些學生變得勤奮了，但其他學生卻變得不準時完成作業。闞老師發現大概一天中準時繳交作業的比率是 60%。於是她和全班學生討論，約定如果全部同學一個星期之內的繳交作業率達到 70%，學生可以在週五下午看錄影帶。學生們興奮得不得了，繳交作業率迅速提高。闞老師逐漸將繳交作業率的標準提高到平均每週 90%，不久也達成目標。

工作環境

　　沙巴工廠曾經是一個欣欣向榮的公司，但最近由於員工生產力下降而導致利潤減少。工廠管理人員並沒有解僱或訓斥工人，而是制定了一個增產獎勵計畫，如果當月生產力提高 10% 以上，員工可以分享公司利潤的一半。計畫實施後三個月內，員工的生產力增長了 17%，公司利潤增長了 22%，每位員工平均每月多收入九十二美元。

社區環境

　　自然山谷公園是一個大都會地區最美、也是人們最常去的公園之一。公園裡的活動包括步行、騎腳踏車、騎馬和賞鳥。隨著愈來愈多的人使用公園，裡面的垃圾也愈來愈多，這成為市政府的主要花費，也使公園看起來不那麼吸引人了。公園負責人推翻了限制公園使用的提議，相反地，他們在公園設置了一些標誌，告訴遊園者使用垃圾桶。他們還統計出每週公園裡被忽視的角落堆積的垃圾，然後將每週垃圾數量的增加和減少展示出來。當垃圾數量減少時，標誌就恭賀遊園者；當垃圾數量增加時，標誌就出現要大家更努力的字句。隨之而來的是公園裡亂丟的垃圾大量減少。

　　上面假設的問題和解決途徑和那些有效地使用團體增強策略的情景很類似。在這些例子中，使用團體增強策略很有必要而且有效，因為其間牽涉到很多人，有時很難界定誰是問題製造者。運用正面的團體增強策略，比懲罰學生、扣員工薪水或限制公共設施的使用更為可取。

▲現在，請闡述一個團體情景，說明與個人情景的不同之處。

_____

_____

如果你列舉的情景，顯示個人承擔的後果不僅僅是由個人的行為決定，而且在某種程度上是由團體中其他成員決定的，那你就對了！

▲現在，請舉一些親身事例，說明如何使用團體增強策略。

學校環境：_____

_____

工作環境：_____

_____

社區環境：_____

_____

為什麼要使用團體增強策略？

　　當使用個人增強策略對個人更有效時，使用團體增強策略也許就不合時宜。個人增強策略是根據個人行為和增強模式來制定的一種技巧，應該比針對整個群體的策略更有效。然而，在某些情況下，運用團體增強策略更好。首先，假如很多人表現出來的問題都一樣，那麼為每個人量身訂做一套增強計畫就很不實際。其次，有些問題像是偷竊、亂丟垃圾或蓄意破壞，很難界定誰是該負責的一方。但是，如果要判定哪個團體應該負責，就比較行得通；然後針對整個團體來制定改進措施。第三，也許某個人應該對某個特定的問題負責，但因問題改善而獎勵這個人，可能對同一團體中的其他成員不公。

▲現在，請描述兩個適宜運用團體增強策略的情境。

_____

_____

與同事或專業人士討論如何使用本手冊。

_____

團體增強策略有哪些類型？

　　在此，我們將介紹兩種團體增強策略。然而，根據主題的不同，你也會看到不同的變化，尤其是第二種團體增強策略。第一種團體增強策略稱為分享後果或英雄策略。在這種策略中，一位成員的表現或一小部分成員的表現，將決定整個團體的後果。例如，東昇經常在課堂上發脾氣，老師在東昇沒有發脾氣的每個上午或下午，使用分享後果策略，請全班同學吃爆米花。同樣的方法也可以應用到兩個經常打架的學生身上。其中任何一位沒有打對方，兩人就可以得到獎勵。

第二種團體增強策略是相依團體增強策略。這種策略則是針對所有的團體成員,也就是所有成員的行為決定整個團體應承擔的後果。在家裡可以運用這種策略,例如獎勵沒有打架的三個兄弟姐妹,可以允許他們晚十五分鐘上床睡覺。

▲試區分分享後果團體增強策略和相依團體增強策略:

如果你能指出,在第一種團體增強策略中,一個人或小部分成員的表現決定整個團體應承擔的後果,而後一種團體增強策略,則是所有成員的表現決定整個團體應承擔的後果,那你就對了!

相依團體增強策略有哪些類型?

相依團體增強策略是最常用的團體增強策略,也是本篇的重點。有幾個方法能夠幫助我們判斷團體是否符合標準。也許最明顯的方式是判斷每位團體成員是否符合特定的標準。例如,某公司想要鼓勵銷售人員嘗試開闢新帳戶。整個銷售團隊只有當每位銷售人員達到每個月開闢十個新帳戶才能得到獎金獎勵。

另外,標準可以是整個團體的平均值。也就是說,假如平均每位銷售人員達到十個新帳戶就可以有獎金。這個標準比較靈活,因為幾位成員的超常表現能夠彌補達不到標準的成員。於是,用平均值這個方法的優點是全體成員仍然可以獲得增強,即使有幾位成員表現不佳時,大夥兒仍可能努力工作。但缺點是有些成員會「搭順風車」。

幫助判斷是否給予獎勵的第三個方式是任意選一個成員,看看他的表現是否達到標準。例如,老師可以給學生十五分鐘完成數學作業,設定 90%的

準確率當作獎勵的標準。然後老師隨機選出一位學生的作業檢查。如果這位學生的作業完成，並且達到之前設定的準確率標準，那麼所有的學生都可以休息五分鐘。因為學生不知道會抽到誰的作業，所以所有的學生都想要做好作業。

▲上面描述了三種類型的相依團體增強策略，但還可以採用其他方法。試描述至少一種上面沒有講到的實施相依團體增強策略的方法。

提示：團體中任何人數成員的表現都可以當作實施相依團體增強策略的標準。

▲就上面提到的三種相依團體增強策略，選擇兩種闡述其最佳的使用情境。

與同事或專業人士討論。看看他是否同意你的看法。

 ## 使用團體增強策略的優點

　　使用團體增強策略有幾個很實際的理由。此外，團體增強策略經常會產生比個人增強策略更好的結果。在實施分享後果團體增強策略時，因為一個人的表現決定了整個團體最後的結果，所以其他團體成員通常會鼓勵這位成員要努力。同樣地，其他成員還會為了最後團體的獎勵而避免增強其不恰當的行為（例如，不嘲笑不合時宜的滑稽動作）。

　　相依團體增強策略也有不少好處，最重要的是其方便性。此策略可以同時管理很多個人的行為，而只需要一套紀錄和一個獎勵機制。因此，教師可能注意到全班學生在上午只大聲喊叫了七次，而給予全體學生九分鐘的額外自由時間。而不是像個人增強策略所要求的那樣，針對每位學生的表現給予

不同長短的自由時間，這種做法就比較費時費力。在工業社會裡，團體計畫避免了為每類職位制定表現標準，也避免了衡量每位員工的表現而分別給予獎勵。第二個好處是團體裡的成員能夠相互幫助，互為師長、共同進步和改善行為。因此，根據團體成績發獎金的公司能夠促進員工相互學習有關技能，並相互表揚學到的技能。故相依團體增強策略能夠培養團體成員間正面的相依和合作。第三個好處是，當一個團體的成員間發生問題，我們不需要判斷到底是誰導致了這個問題或者誰做得不對。例如問題牽扯到爭吵、打架或者偷竊行為。此類情況下，使用團體增強策略能夠鼓勵成員停止不當的行為，但不需要找出特定的犯規者。

 ## 使用團體增強策略的缺點

雖然團體增強策略實施起來很方便，對改進行為很有作用，但比起個人增強策略需要更謹慎。畢竟，成功的團體增強策略必須足夠有效，能讓一些人改進行為，而不是單單的一兩個人。而且，團體增強策略會產生個人增強策略所沒有的社會互動問題。

一個問題是團體其他成員給需要改進的成員過多的壓力。這種壓力可以是辱罵、嘲笑和威脅，最差的情況是導致肢體衝突。不被善待的成員可能會產生退縮行為，甚至完全退出團體。另外一個問題是有某個或幾個成員可能蓄意破壞這個制度，這種情況有時發生在經常不守規矩然後也不想其他人得到獎勵的孩子身上。此外，競爭性機制經常導致令人不愉快的社會互動行為，例如優勝隊伍成員嘲笑失敗隊伍成員，或者一方聲稱另一方不公平。最後，人們經常就使用團體增強策略的倫理提出疑問。因為團隊某些成員的作為或不作為而剝奪其他人應該得到的獎勵和優待，這樣公平嗎？這不是向來為人所詬病的「連坐法」嗎？下面兩節將討論實施團體增強策略應注意的事項以及其中的倫理問題。

▲總結使用團體增強策略的優點和缺點。

使用團體增強策略的考量

　　團體增強策略方便實施，是改進行為的有力方法。但如果實施不謹慎，也會事與願違，導致嚴重問題。在前面的段落中，我們提到團體成員會對達不到標準的成員施加過多壓力。因此，團隊的每位成員能夠行為正當至關重要。從而，團體增強策略應更適合於激發團體中已經存在的正面行為，而不是學習新行為。換言之，使用團體增強策略的前提是動機性的問題，而不是技能欠缺的問題。

　　第二個問題是如何處理那些故意破壞制度的團體成員。這種情況往往是「非不能也，實不為也」，可能的原因是他藉此類不當行為引起別人的注意。解決此類問題的一個方法是將犯規者排除在這個相依團體增強策略方案之外，而量身訂做另一套個人增強策略。然後，其他的團體成員使用這套團體增強系統，而此一特殊個案則使用另外一套增強系統。過一段時間後，如果情況改善，再讓他重新回到團體增強系統來。

　　第三，基於可能引起社會性問題，採用競爭性機制時要特別小心。假如要採用競爭性機制，明智的做法是將有良好社會互動表現的成員組成團隊，而且團隊間的能力應該相差無幾。更好的一個方式是讓團隊和自己的過往表現做比較，而不是與另外一隊比較。因此，公司可以獎勵超越自己生產力的員工，而不是獎勵超越其他團隊的員工。教師可以獎勵超越自己以往閱讀或數學成績的團隊，而不是將班級分為兩個團隊相互競爭。

　　此外，還有三點涉及增強策略本質的事項需要考量。其一，既然設定的獎賞措施必須吸引所有的團體成員，那麼選擇正確有效的增強物至關重要。

事實上，有些個人蓄意破壞制度的一個原因是獎賞不夠吸引人。讀者不妨參閱第一冊第二篇「如何適當地給孩子甜頭？──增強物的應用」，該篇提供了許多選擇增強物的建議。同時，我們發現，對在校學生而言，自由時間幾乎是屢試不爽的最大甜頭；對成年人而言，金錢則是千古不變的有效激勵。

其二，獎賞機制的另一個重點是個人應該為超越以往所得的獎賞而努力。因此，如果沒有達到設定的作業目標，便不必要求孩子早睡，或要求學生照常休息，或者要求員工照常休假。相反地，整個團體應該為了額外的晚睡覺時間、額外的休息時間，或額外的休假時間而努力。

最後，不管運用什麼樣的獎賞，父母、老師和管理者都應該制定豐富多樣的社會性增強物，以獎賞行為表現有明顯改善者。所以，團體和個人都應該因有所改善而得到表揚。表揚不應只是用在團體增強策略實施的後期，而是每當有進步時就應該給予。第二冊第四篇「如何讓孩子朝我們期望的方向發展？──系統性注意與讚賞的應用」提供更多此方面的資訊，讀者不妨參閱。

▲試述成功運用團體增強策略應注意的三點事項。

使用團體增強策略是否合乎倫理？

雖然了解了團體增強策略的有效性和易用性，許多人實施團體增強策略時仍然感到不安。對某些人而言，團體增強策略是不公平的，他們因為其他成員的過錯而喪失了得到獎勵的機會。對於這一點，前文中我們已經提供了一些建議，例如只有當成員能夠表現良好行為的情況下才實施團體增強策略，又如將一些不守規矩的個人抽離出來實施個別增強策略，再如應該避免團體

間的競爭，以及獎賞應該是平時得不到的。

　　然而，一般而言，我們應該了解團體增強制度是一種自然的產物，它可以是有益的，也可以是有害的。因此，有人很幸運地是好學校的學生、是獲利公司的員工、住在安全的社區裡，其他人就沒那麼幸運，各人的體驗迥然不同。不管怎樣，每個人都會受到團體內其他成員行為的影響。於是，問題並不是團體增強制度存不存在，它一直都存在，也將繼續存在。問題是，是否能將這種團體增強策略設計成對大多數人正面有益。我們的觀點是如果團體增強策略符合該團體的長期利益，並且建立更安全和更成功的學習環境、更潔淨的自然環境、更少偏見的工作環境，並為所有員工帶來更高的薪酬，那麼，精心設計的團體增強策略有何不好？

▲使用團體增強策略是否合乎倫理？請敘述並論證你的觀點。

_____

_____

請與同事討論你的看法。

_____

 ## 文獻中使用團體增強策略的實例

　　團體增強策略的有效性和可行性已經在許多研究中得到證實，包括有關學校環境的研究、家庭環境的研究、社區環境的研究，以及工作環境的研究。下面就介紹幾個在這些情境進行的團體增強策略研究成果。

學校環境

　　在教室裡，最有效力的相依團體增強策略可能是將其與「自負其責策略」結合，這個過程中每有一起違反規則事件發生，部分團體獎賞就會被取消。教師告知學生如果他們遵守課堂紀律，就可以有十分鐘的額外自由時間。教

師在黑板上寫下十一個數字：10，9，8，…0。每次有學生違反紀律（例如，沒經過允許就擅自離開座位），全體成員就減少一分鐘額外自由時間。假如有三次違反紀律，黑板上就這樣劃記：10，9，8，7…0，意即全體只剩七分鐘的額外自由時間（Sulzbacher & Houser, 1968）。此一方法在大多數情況下非常有效，以至於很嚴重的違規行為在幾天之內就被嚇阻，再也沒有學生重犯。

團體增強策略的另外一個方法是「基準線區分性增強」（Dietz & Repp, 1973）。這個方法要求全班學生只要將一種不當行為的比例保持在一個特定的範圍裡，就可以拿到獎賞。假設將一組中學生在課堂上一段時期裡大聲喧嚷的基準次數設定為五十次，教師可以規定如果喧嚷次數少於四十次，就額外給予全組學生五分鐘的休息時間。如果效果好，學生有進步，基準線就可以降到三十五次、三十次、二十五次……。

雖然我們對團體競爭持保留看法，但比賽「好行為」在教育界很流行，且很有效。使用這種方法的教師首先要講明課堂紀律，然後將班級分為兩組。每有一次犯規，該組的名字下面就記上一點。最後，點數少的一組獲勝，可以得到獎賞，例如將組內每一位成員的名字寫在冠軍榜上，或者享受先排隊吃午餐或休息的優待。此方法的一個變通是：如果兩組的點數都低於某一標準，兩個團隊都算贏了，都會得到獎賞（Barrish, Saunders, & Wolf, 1969）。

社區環境

娛樂設施對年輕人很重要，因為它們提供了一個讓年輕人發洩精力的社會性和建設性出口。然而，破壞、毀損、零件遺失和亂丟垃圾等，給這些設施的管理機構造成了負擔，有些甚至造成了設施被迫關閉。當娛樂設施的管理者規定如果違反規定就提早幾分鐘關園後，違反規定的現象就幾乎消失（Pierce & Risley, 1974）。

為了保護環境和自然資源，我們的社會嘗試各種方式鼓勵人們節約能源。在只有一個電費總錶的公寓裡，因為電費是由公寓的擁有者來付，而不是由房客支付，所以如何減少能源使用就是一個問題。一個有效減少電費的方法是將省下來的電費算出平均值，然後把這筆錢回饋給每位房客（Slavin,

Wodarski, & Blackburn, 1981）。

工作環境

在工作環境中，員工可能需要相互合作（即團體增強策略），或者需要相互競爭（較不好的團體增強策略），或者使用個別增強策略。Allison、Silverstein 和 Galante（1992）的一個研究比較了在這些不同情境下，十二位教學助理是否對學生更用心、是否在適當時機求助。在協作的環境中，根據整個團體的表現，教學助理能夠得到金錢獎賞；在競爭的環境中，只有表現最好的前三位才能得到獎賞；在第三種情況下，教學助理只有當個人表現符合某種標準時才能得到獎賞。結果發現，合作環境的效果相對較好，且較為穩定，也是參與者較喜歡的環境。

 ## 使用團體增強策略的十一個步驟

一旦決定要使用團體增強策略來改善行為，便有必要將整個過程分解成具體的步驟。這些詳細的步驟允許實施者將策略的關鍵部分融入其中，以提高成功的機率。

▶步驟一：選定要改善的行為

不管是學校、家庭、社區或是工作環境，經常同時會有幾個需要改進的行為問題。因此，想要一下子改善所有的問題，是非常困難的。團體增強策略無法同時改變許多行為。一個比較務實的做法是選定一個行為（或者兩個很相近的行為）制定計畫，等效果出現後再考慮處理其他行為。

什麼是需要改善的行為？它應具有兩個特性。首先，該行為應對團體中每位成員具有社會和教育意義。例如，要求學生安靜地坐在座位上或者要求做些無趣的活動，這是沒有意義的；學習讀寫算或打電腦，則是有意義的。其次，任何行為改善計畫開始時，要嘗試改善容易改變的行為。較難的行為改變，稍後再做。成員每一次的努力獲得成功之後，再進行下一步。

▶步驟二：界定要改善的行為

　　一旦確定要改善的行為，有必要清晰地界定此行為。如果兩位教師均同意此一不當行為確已發生，就表示此行為界定得很清楚。在界定行為時，使用具體、精確的術語是很重要的。因此，「打」和「推」比「有挑釁性」更清楚；「主動採取新行動」比「有上進心」更清楚。

▶步驟三：制定行為的基準線

　　改善行為前，確定行為的現有水準至關重要。在常態環境中衡量目前的行為狀態，稱為基準線評估。基準線評估通常要五天時間。例如，父母可以記錄孩子每天互相打架的次數，或者警察局可以記錄每天高速公路上多少駕駛人超速。基準線評估有助於了解該策略實施後是否發生效果，亦有助於制定合理的增強標準。

▲選定你認為適合使用團體增強策略來改善的行為；用精確、清晰的語言來界定該行為；並以五天為期，做基準線評估。

定義：＿＿＿＿＿＿＿＿＿＿＿＿＿＿＿＿＿＿＿＿＿＿＿＿＿＿＿＿＿＿

＿＿＿＿＿＿＿＿＿＿＿＿＿＿＿＿＿＿＿＿＿＿＿＿＿＿＿＿＿＿＿＿＿＿

五天基準線紀錄：

　　第一天＿＿＿；第二天＿＿＿；第三天＿＿＿；第四天＿＿＿；第五天＿＿＿。

▶步驟四：找出能吸引所有團體成員的增強物

　　如果最後的獎賞無法吸引所有的團體成員，團體增強策略很有可能行不通。所以，明智地選擇適當的增強物十分重要。第一冊第二篇「如何適當地給孩子甜頭？——增強物的應用」專門探討這個問題，讀者不妨參閱。

　　有兩種途徑有助於找到合適的增強物。首先，實施者可以做個團體小調

查，找出大家喜歡的獎賞。做調查時，實施者可以提供一系列獎賞的選項讓參加者投票。其次，實施者可以觀察參與者喜歡做的事情和喜歡討論的主題，尤其是在自由時間時。對兒童而言，可能包括投籃、玩電腦或和同儕聊天。對成年人而言，則包括度假、提早下班、看表演等。不管怎樣，只有能夠促使行為變好的事物才能作為獎賞。

▲針對要改善的行為選擇三種增強物，並請敘述你如何選擇適切的增強物。

▶ **步驟五：選擇最適切的團體增強策略**

　　團體增強策略的本質取決於許多因素。如果要改善的目標是個人行為，那麼使用「分享後果團體增強策略」比較適合。如果改變整個團體的行為更重要，那麼應該採用「相依團體增強策略」。然後，實施者必須決定是否要隨機選定一個成員的表現來判斷是否達到標準，或是基於全體平均表現來判斷，或是看團體的每位成員是否達到標準。隨機選定成員來看表現如何，誠然為策略的實施增添了些令人興奮的成分，但也允許了那些沒有達到標準的成員得到獎勵。根據全體平均來判斷，或看每位成員是否符合標準，可能對每位成員的行為改進有更大的作用，但缺點是比較耗時。

▲根據要改善的行為，選擇適切的團體增強策略。

▶步驟六：確定每位成員都有能力做到特定的行為

團體增強策略是運用於激勵已經存在的行為表現，而不是教導新行為。在使用團體增強策略前，實施者應該找到證據顯示團體的每位成員有能力做到特定的行為表現。實施者可以透過每位成員過去的表現紀錄來了解。在成員行為表現起伏不定的情況下，使用團體增強策略最為理想。

▶步驟七：針對行為的改善給予適當的獎賞

教師、家長和管理者對現狀不滿時，經常會希望在短時間內有大的改善。然而，行為表現的小改善才更可能促使最後的成功。最好的做法應是要求成員比現狀（基準線）改善一些。當人們能夠穩定地達到初步標準時，再逐步提高要求，加入更多需要改善的行為。

▶步驟八：必要時結合其他策略

在制定具體的團體增強策略時，結合其他現有的行為改變方法有時會有幫助。將已經使用過的個人增強策略稍作調整，也常能用於團體中。我們發現有兩種方法在團體情境中尤其方便和有效，那就是前面提到的「自負其責」方法（第四冊第四篇）和「基準線區分性增強」方法。

▲描述你要實施的團體增強策略。請詳細而精確地闡述成員必須怎樣做才能得到獎賞。

_____

_____

你和他人交流過你的答案嗎？

▶步驟九：讚揚團體和個人的進步

團體增強策略運作成功時，人們的行為表現會有明顯的進步。這為實施者提供了一個表揚個人和團體表現的絕好機會。社會性增強的一個直接好處是它比最後有形的增強物來得更快，也可改善彼此的關係。並且，它還可能逐漸取代團體策略，單單稱讚就能維持行為的改善。實際上，已發表的研究證明了稱讚本身就能夠改進個人和團體的行為表現。第二冊第四篇「如何讓孩子朝我們期望的方向發展？——系統性注意與讚賞的應用」提供了許多運用稱讚的細節，請讀者參閱。

▶步驟十：監控團體和個人表現

為了判斷策略是否有效，記錄團體的表現是必要的。實施者因此能夠了解是否應該繼續現有的策略，或者需要制定其他方法。同時，觀察個體成員的表現也很必要。假如策略對團體中的絕大多數成員有效，但對一兩個成員無效，就有必要進行個別調整。實施者還需要仔細地監控策略實施的狀況，以便於判斷個人的壓力是否過大，以及是否有人蓄意破壞實施的策略。

▶步驟十一：定期修正策略

在下列情況下，實施者應該修改策略。首先，如果策略的實施沒有帶來預期的結果，那麼就有必要修正策略或設計新策略。甚至在策略實施成功的情況下，為了提高獎賞標準以進一步改善行為，或者為了降低策略實施成本，調整策略也是適宜的。另外一種有益的調整是改變或增加增強物。這樣做能夠讓參與者有耳目一新的感覺。

▲參考前面提到的十一個步驟，針對某一需要改善的行為設計團體增強策略。

 # 使用團體增強策略必須牢記的要點

1. 只有在團體增強策略比個人增強策略更有好處的情況下才使用。

2. 只有當團體中的每位成員已經能夠做到特定的行為表現時才使用。

3. 開始時僅從一個或兩個（很相近的）行為入手，當進步顯現時再加入新行為。

4. 選擇足以影響所有團體成員行為的增強物。

5. 選擇團體成員平時不能得到的增強物。

6. 團體增強策略適時地結合其他策略。

7. 避免使用可能產生不良社會互動的團體增強策略。

8. 記錄團體和個人的行為表現結果。

9. 策略有效時，經常地稱讚個人和團體成員的行為。

10. 當團體增強策略對一兩位成員無效時，考慮使用個人增強策略。

11. 定期地調整策略。

參考文獻與延伸閱讀

Allison, D. B., Silverstein, J. M., & Galante, V. (1992). Relative effectiveness and cost-effectiveness of cooperative, competitive, and independent monetary incentive systems. *Journal of Organizational Behavior Management, 13*, 85–112.

Axelrod, S. (1983). *Behavior modification for the classroom teacher.* New York: McGraw-Hill.

Axelrod, S. (1973). Comparison of individual and group contingencies in two special classes. *Behavior Therapy, 4*, 83–90.

Barrish, H. H., Saunders, M., & Wolf, M. M. (1969). Good behavior game: effects of individual contingencies for group consequences on disruptive behavior in a classroom. *Journal of Applied Behavior Analysis, 2*, 119–124.

Dietz, S. M., & Repp, A. C. (1973). Decreasing classroom misbehavior through the use of DRL schedules of reinforcement. *Journal of Applied Behavior Analysis, 6*, 457–463.

Hall, R. V., & Hall, M. L. (1998a). *How to select reinforcers.* Austin, TX: PRO-ED.

Hall, R. V., & Hall, M. L. (1998b). *How to use systematic attention and approval.* Austin, TX: PRO-ED.

Heron, T. E. (1987). Group-oriented contingencies. In J. O. Cooper, T. E. Heron, & W. L. Heward, *Applied behavior analysis* (pp. 499–514). Columbus, OH: Merrill.

Litow, L., & Pumroy, D. K. (1975). A brief review of classroom group-oriented contingencies. *Journal of Applied Behavior Analysis, 8*, 341–347.

Meyers, A. W., Martz, L. M., & Craighead, W. E. (1976). The effects of instructions, incentives, and feedback on a community problem: Dormitory noise. *Journal of Applied Behavior Analysis, 9*, 445–457.

Neumann, J. K. (1977). The analysis of group contingency data. *Journal of Applied Behavior Analysis, 10*, 755–758.

Pierce, C. H., & Risley, T. R. (1974). Recreation as a reinforcer: Increasing membership and decreasing disruptions in an urban recreation center. *Journal of Applied Behavior Analysis, 7*, 403–411.

Spetz, M. L., Shimamura, J. W., & McReynolds, W. T. (1982). Procedural variations in group contingencies: Effects on children's academic and social behaviors. *Journal of Applied Behavior Analysis, 15*, 533–544.

Slavin, R. E., Wodarski, J. S., & Blackburn, B. L. (1981). A group contingency for electricity in master-metered apartments. *Journal of Applied Behavior Analysis, 14*, 357–363.

Sulzbacher, S. I., & Houser, J. E. (1968). A tactic to eliminate disruptive behaviors in the classroom: Group contingent consequences. *American Journal of Mental Deficiency, 73*, 88–90.

國家圖書館出版品預行編目（CIP）資料

管教孩子的 16 高招.第三冊，如何改變孩子
　　不良的行為／ R. V. Hall 等作；張正芬等譯.
　　-- 二版.--臺北市：心理，2011.1
　　　面；　公分.--（輔導諮商系列；21095）
　　　ISBN 978-986-191-399-5（平裝）

　　1.親職教育　　2.子女教育

528.2　　　　　　　　　　　　　　99020116

輔導諮商系列 21095

管教孩子的 16 高招（第二版）（第三冊）
如何改變孩子不良的行為

作　　者：R. V. Hall, M. L. Hall, R. V. Houten, & S. Axelrod
主　　編：吳武典
譯　　者：張正芬、周天賜、邱曉敏
執行編輯：高碧嶸
總 編 輯：林敬堯
發 行 人：洪有義
出 版 者：心理出版社股份有限公司
地　　址：台北市大安區和平東路一段 180 號 7 樓
電　　話：(02) 23671490
傳　　真：(02) 23671457
郵撥帳號：19293172　心理出版社股份有限公司
網　　址：http://www.psy.com.tw
電子信箱：psychoco@ms15.hinet.net
駐美代表：Lisa Wu（Tel：973 546-5845）
排 版 者：臻圓打字印刷有限公司
印 刷 者：正恒實業有限公司
初版一刷：1994 年 8 月
二版一刷：2011 年 1 月
二版二刷：2013 年 7 月
I S B N：978-986-191-399-5
定　　價：新台幣 150 元